AF332544

ESSAI

SUR

LE PAYSAGE.

122

SE TROUVE A ROUEN,

Chez { Renault, Libraire, rue Ganterie, n°. 40 ;
Frère, Libraire, sur le Port ,
Et dans les principales Villes.

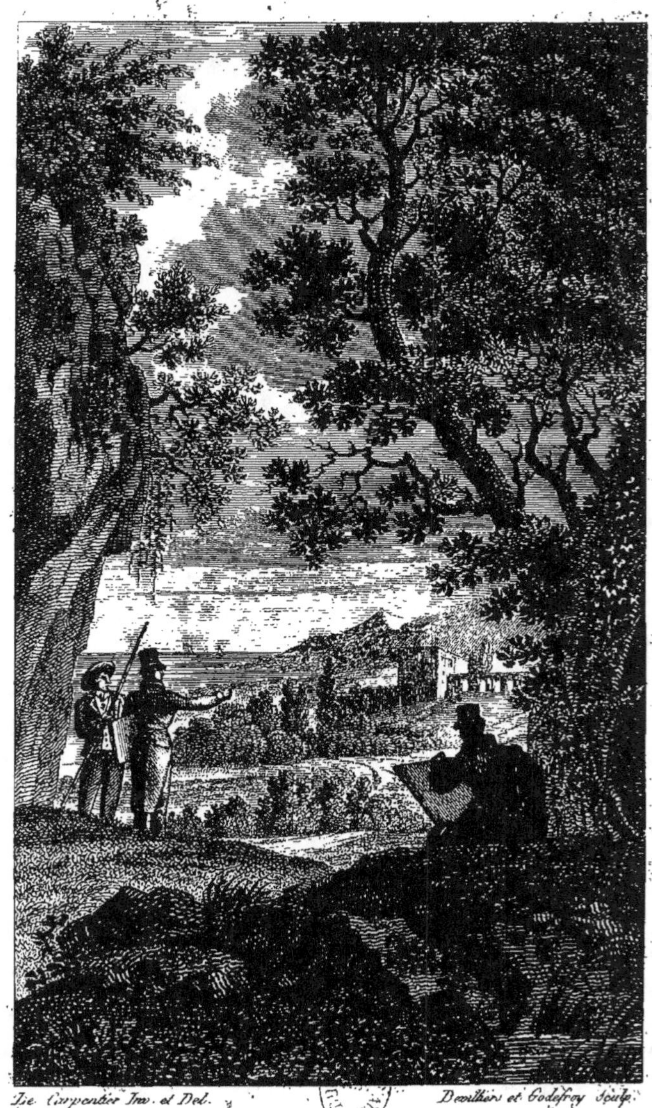

L'Étude du Paysage.

ESSAI

SUR

LE PAYSAGE,

DANS LEQUEL ON TRAITE DES DIVERSES MÉTHODES
POUR SE CONDUIRE DANS L'ÉTUDE DU PAYSAGE,

SUIVI

DE COURTES NOTICES SUR LES PLUS HABILES PEINTRES
EN CE GENRE,

OUVRAGE UTILE

AUX AMATEURS ;

Par C.-J.-F. LECARPENTIER, Peintre, Professeur de
l'École de Dessin et de Peinture de Rouen, Membre de
l'Académie royale des Sciences, Arts et Belles-Lettres, et de
la Société d'Émulation de la même ville, de l'Athenée des
Arts, de la Société philothecnique de Paris, de l'Académie
de Caen, etc.

Præcipua imprimis artisque potissima pars est,
Nosse quid in rebus natura creavit ad artem
Pulchrius. . . . .
Du Fresnoy, *de arte graphicâ.*

A PARIS,

TREUTTEL et WURTZ, Libraires, rue de
Bourbon, n°. 17, faubourg Saint-Germain ;
ET A STRASBOURG,
MÊME MAISON DE COMMERCE.

1817.

F. BAUDRY, Imprimeur du ROI,
a Rouen.

AVANT-PROPOS.

J'étais loin de penser, quand j'ai recueilli les divers fragments qui forment cet Essai sur le paysage, fruit de plusieurs années d'études et d'observations, qu'il serait destiné à voir le jour. Je n'avais travaillé que pour ma propre satisfaction et pour m'instruire moi-même dans un genre que j'aimai dès mes plus tendres années, et qui a fait les délices de ma vie.

Des amis auxquels j'en avais lu quelques morceaux, m'engagèrent à le publier; mais occupé depuis long-temps d'un autre Ouvrage sur la peinture, beaucoup plus étendu, j'avais laissé celui-ci pour donner tous mes soins au premier qui touchait à sa fin.

Enfin sollicité de nouveau, je me suis décidé à le faire paraître. J'ai cru devoir céder aux instances de mes amis qui m'ont assuré qu'il peut devenir de quelqu'utilité aux personnes qui veulent cultiver le genre du paysage, et sur-tout aux amateurs qui habitent la campagne, comme étant plus à portée de vérifier mes remarques et d'adopter, s'ils le jugent à propos, mes observations, lesquelles sont fondées sur une longue expérience.

J'ai fait en sorte de parler le plus clairement possible d'une partie des arts dans laquelle il est indispensable d'employer souvent les termes techniques assignés à l'art de la peinture.

J'ai cru aussi qu'il ne serait pas

inutile de placer à la fin de l'ouvrage
une courte notice , ou nomenclature
historique des peintres qui se trouvent
cités dans le cours de cet Essai.

On ne sera peut-être pas faché de
faire connaissance avec des hommes
qui ont acquis de la célébrité , et
d'apprendre par quels moyens ils sont
arrivés à la perfection.

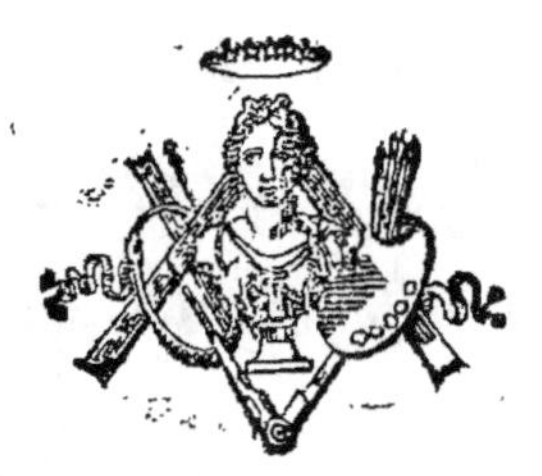

INTRODUCTION.

C'est en présence de la nature, c'est au milieu de la campagne, que j'essaie de tracer ce faible Ouvrage, fruit de mes loisirs.

Je vais parler du paysage, l'un des genres si intéressants de la peinture, le paysage qui s'empare en souverain de toutes les richesses de la nature, qui semblent créées pour lui, ce genre qui étend son domaine sur le globe entier, et qui forme une des plus belles parties de l'art de peindre.

ESSAI

SUR

LE PAYSAGE.

DE L'ORIGINE DU PAYSAGE.

Les Anciens paraissent s'être peu livrés à peindre des paysages , si l'on en juge par leurs productions en peinture échappées aux ravages du temps et aux diverses causes qui ont hâté leur destruction.

Il n'est guères possible de se former aucune idée de leur goût en ce genre, par les fragments découverts dans les Catacombes, dans les ruines des principaux édifices de Rome, ainsi que dans les fouilles faites à Herculanum et à Portici ; le peu de paysages qui s'y rencontrent , ressemblent bien plutôt à des fictions mensongères qu'à l'imitation de la nature ou à la représentation des sites qu'ils ont habités.

On n'y trouve nuls plans, nulles proportions, et aucune connaissance de la perspective. Les conceptions des anciens en ce genre semblent être une imitation du goût égyptien ou même du goût indien, par les rapports qui se trouvent avec les idées connues de ces peuples; on y pourrait trouver peut-être quelque ressemblance avec les peintures des Chinois. Ce sont plutôt des espèces d'arabesques où une architecture idéale se trouve groupée avec quelques arbres de formes bizarres, et à des figures d'animaux qui nous sont également étrangers.

A peine découvre-t-on des traces de paysage au moment de la renaissance des arts en Italie. Ce n'est que vers le quinzième siècle que l'on commence à apercevoir quelques paysages, encore sont-ils maigres, d'un faire sec et remplis de détails minutieux;

on en peut juger par les fonds de paysage
employés dans les tableaux des meilleurs
peintres d'histoire de ce siècle. Les ouvrages du premier âge de Raphaël lui-même
en ce genre sont pleins de petites formes et
de maigres détails.

Le genre du paysage était à peu près
inconnu ou très-négligé en France, tandis
que l'Italie, la Flandre et la Hollande pouvaient se vanter de posséder des peintres
qui avaient déjà fait des progrès dans ce
genre.

En Lombardie, *le Giorgion*, *le Titien*,
le Mutian peignirent des paysages de la
plus belle couleur. Chez les Flamands,
Jean Schoorel entreprit le voyage de la
Syrie et de la Terre-Sainte pour y faire
des études dont il enrichit par la suite ses
tableaux. *Pierre Breughels*, dit *le vieux*,
fut aussi un des premiers paysagistes connus de l'école de Flandre. *Vanden-Velde*
le vieux, et le premier de cette longue

famille d'artistes du même nom, *Bartholo-mée Bréemberg, Elsheimer, Paul Bril* et plu-sieurs autres de la même école portèrent en Italie un talent déjà formé pour le paysage, qu'ils y furent perfectionner : ces trois der-niers restèrent dans ce beau pays où l'étude des monuments antiques leur donna un grand goût de paysage. On ne peut repro-cher à ces premiers paysagistes que l'usage trop abusif du bleu et du vert, qui répand dans leurs tableaux une sorte de crudité.

Les Carraches, le Dominiquin et *l'Albane* se distinguèrent aussi à Rome et à Bologne par des paysages d'un style mâle et large en même temps. Peut-être moins obser-vateurs des détails de la nature que des grandes masses et du grandiose qu'elle leur présentait, également admirateurs du *Titien*, ils suivirent la route que leur avait tracée ce grand maître du coloris. *Salvator Rosa*, l'un des peintres peut-être le plus original de l'Italie, étonna par la grande manière de ses tableaux de paysages, qui tenaient de la bizarrerie et de la singularité de son caractère ; tout ce qu'enfanta *Salvator* fut grand et majestueux ; ses arbres d'un style noble avaient un grand caractère, son feuiller large et bien touché, ses rochers qui paraissent inaccessibles à l'homme, sont d'une forme gigantesque et d'un aspect extraordinaire.

A la renaissance des arts en France, on ne vit point de paysagistes parmi les peintres venus d'Italie ; le genre seul de l'histoire parut avec toute sa splendeur dans les sublimes conceptions des peintres florentins que François Ier. avait appelés à sa Cour. *Le Primatice*, *le Rosso*, *Andre del Sarte*, et beaucoup d'autres de la même école, nourris des grands principes de *Michel-Ange*, avaient donné aux peintres français, dans le genre de l'histoire, l'exemple du beau et du sublime, dont le bon goût se serait conservé sans les désastres des règnes suivants qui en firent perdre jusqu'à la tradition.

Qui n'est intimement persuadé que, sans les malheurs politiques du seizième siècle, l'école française n'eût pas conservé le faisceau de lumières apporté d'Italie par ces hommes célèbres?

Ce fut vers le règne d'Henri IV que la France vit paraître les premiers peintres en paysages; mais ces artistes affectèrent dans leurs tableaux un goût verdâtre et monotone qui, dans la suite, a poussé au noir.

Sous le règne suivant, plusieurs paysagistes de l'école de Flandre s'arrêtèrent à Paris en allant visiter l'Italie, c'est ainsi qu'*Herman Swanevelt*, *Van Goyen*, *Vander Kabel* et autres peintres du même pays, laissèrent des souvenirs bien intéressants dans le genre du paysage.

Louis XIII, qui aimait les arts, excité par la vue des chef-d'œuvres de ces artistes passagers, résolut d'en fixer en France.

Il fit venir de Bruxelles l'un des plus habiles paysagistes de l'école flamande, *Jacques Fouquieres*, lequel se rendit aux ordres du Monarque dont il fut comblé de biens. Le Roi l'ennoblit, lui donna la direction des embellissements de ses palais et de ses maisons royales. Les lambris du Louvre furent ornés de ses paysages, qu'il exécutait d'une manière large et avec un certain grandiose : ses sites étaient simples, mais traités avec noblesse ; souvent il prenait plaisir à représenter des entrées et des sorties de forêts. Il avait l'art d'agrandir ses masses, de varier ses lignes, de donner à ses arbres un caractère grand et majestueux ; le temps et la fumée avaient déjà fort endommagé les tableaux de *Fouquieres*, auxquels, à l'exemple de *Breughels* son maître, on pouvait aussi faire le reproche d'avoir un peu abusé du vert et du bleu. Les tableaux de *Fouquieres* ont totalement disparu par les changements opérés dans les salles du vieux Louvre. Ces appartements ont été changés en superbes et vastes galeries, où ont été conservés les chef-d'œuvres en sculpture de la Grèce et de Rome. Ce maître n'est plus guères connu que par quelques tableaux de chevalet et par les eaux-fortes qu'il a gravées d'après ses tableaux, ainsi que par les estampes qu'en ont laissées plusieurs graveurs contemporains, lesquelles se conservent avec soin dans les porte-feuilles des curieux.

Fouquieres eut la gloire de former à Bruxelles un élève distingué, *Jean-Baptiste Champagne*, qui était parvenu à l'égaler dans le paysage.

Plusieurs autres grands paysagistes de la même école vinrent successivement à Paris et enrichirent de leurs productions les galeries du Roi et les cabinets des riches particuliers. A cette époque, *le Poussin* faisait l'admiration de l'Italie par ses sublimes conceptions en paysages héroïques, dont il envoyait partie en France à ses amis et aux plus célèbres amateurs de Paris, qui seuls jouissaient de ces merveilles de l'art, mais qui n'opérèrent rien pour l'avancement de l'école dans le genre du paysage.

Laurent de la Hyre, peintre d'histoire, renommé, s'occupa un des premiers à peindre le paysage ; ses tableaux approchèrent de ceux du *Lorrain* pour le style et l'effet surprenant.

Sous le règne suivant, dans ce siècle de merveilles en tous genres, parurent quelques paysagistes nationaux. *Jean Forest* se distingua dans le genre du paysage ; mais ce peintre qui avait été à Venise pour étudier les ouvrages du *Titien*, du *Giorgion*, et plus encore inspiré par la couleur vigoureuse de *Lafosse* son beau-frère, voulut imprimer à ses paysages des tons chauds et dorés qui tenaient plus à l'idéal de l'art qu'à la nature. Les tableaux de *Forest* ont poussé au noir, peut-être par l'emploi de mauvaises couleurs. Ce peintre composait ses paysages d'une grande manière, car tout fut grand dans ce siècle ; ses sites étaient d'un style noble et très-variés, il les embellissait par de beaux monuments d'architecture. On regrette de ne plus jouir, après un siècle, des productions de cet habile homme, que l'on ne rencontre que rarement, mais dont le nom, rappelé par quelques gravures de son temps, se trouve dans les annales des arts et dans le souvenir des curieux.

Plusieurs autres paysagistes français s'occupèrent en même temps de ce genre de peinture ; mais presque tous leurs tableaux éprouvèrent le même sort, ou furent destinés pour la plupart à décorer les palais, d'où la mode qui régit tout à son gré ne tarda pas à les bannir ; ainsi disparurent en France, en Hollande, en Flandre et en Allemagne, beaucoup de chef-d'œuvres dans le genre du paysage.

Francisque Milet, peintre très-habile, arriva d'Anvers à Paris, fort jeune encore, où la vue de quelques tableaux du *Poussin* parut fixer son goût. Il copia tout ce qu'il put rencontrer de paysages de cet artiste sublime, et parvint tellement à l'imiter que souvent ses tableaux furent pris pour ceux du *Poussin*. Je reviendrai sur ce peintre dans le courant de cet ouvrage.

Un autre grand paysagiste de la même école, *Vander-Meulen*, fut appelé à Paris par Louis XIV.

Lebrun, premier peintre du Roi, fut chargé d'aller à Bruxelles, pour engager le célèbre *Vander-Meulen* à se rendre auprès du Monarque, qui le reçut avec toute la bonté et tout l'intérêt qu'il témoignait aux hommes d'un mérite distingué.

Vander-Meulen, jeune encore, brillait déjà dans le genre du paysage qu'il avait l'art d'orner de chasses et de marches de cavalerie ; on sait que *Vander-Meulen* des-

sinait et peignait parfaitement les chevaux.
Lebrun plein de la gloire du Roi son bien-
faiteur, et qui se connaissait en grands
talents, trouva dans le jeune *Vander-
Meulen* un peintre digne de perpétuer les
conquêtes du Monarque, il le présenta à
Louis XIV en qualité de peintre de batailles.
Le Roi l'aima toujours, le combla de biens
et d'honneurs (1). On sait que les chef-
d'œuvres de ce grand peintre firent l'ornement de toutes les maisons royales : les
salles de l'Hôtel des Invalides répétèrent les
exploits du Roi conquérant aux yeux des
braves qui y avaient contribué.

Une famille entière de paysagistes ho-
nora ce siècle d'une quantité prodigieuse
de compositions pleines de génie ; *Pérelle*

---

(1) Le Roi nomma son fils sur les fonts baptis-
maux, il l'ennoblit, le créa Chevalier de Saint-
Michel, avec une pension considérable et un loge-
ment aux Gobelins.

et ses deux fils dont l'œuvre monte à plus de trois mille pièces de toutes formes et de toutes grandeurs. Ces artistes, doués du génie le plus fécond, avaient été se perfectionner pendant un long séjour en Italie et s'y formèrent un excellent goût de paysage. Ils ne cessèrent d'enrichir les arts de productions charmantes, fruits de leur brillante imagination et des longues études qu'ils avaient faites dans leurs voyages.

On regrette, en considérant les beaux dessins et les estampes admirables de ces trois graveurs, qu'aucun d'eux ne se soit appliqué à la peinture, au moins ne connaît-on aucuns tableaux sous le nom de ces maîtres ; peut-être sont-ils inconnus ou passent-ils sous un nom étranger.

Patel, élève du *Vouet*, qui fut aussi perfectionner ses talens en Italie, se fit connaître par des tableaux d'un goût suave et harmonieux, par des compositions pleines de charmes et d'un fort bon style tout à la fois. La France doit regretter la grande quantité de ses tableaux passés en Angleterre (1), où ils sont payés chèrement, et placés dans les meilleures collections.

Les peintres qui s'adonnèrent au genre du paysage en France dans le dix-septième siècle, l'imagination remplie des merveilles qui s'opéraient sous leurs yeux, furent loin de s'occuper de l'étude simple de la nature, ils se crurent obligés de donner un style héroïque à leurs paysages et s'abandonnèrent souvent à la fougue de leur imagination.

Les conquêtes du Roi en Hollande et en Flandre procurèrent à la France beaucoup de tableaux de paysages de ces deux écoles, mais qui, resserrés dans les galeries des Princes, et dans les cabinets des riches financiers, ne tournèrent point au profit des arts.

Cette mine féconde fut ensuite exploitée

---

(1) Les meilleurs graveurs d'Angleterre en ont gravé beaucoup.

de nouveau par la spéculation mercantile.
Les tableaux de ces deux écoles se vendirent en France au poids de l'or , et il fallait être fort riche pour pouvoir les acquérir.
Mais loin d'augmenter le goût des amateurs pour l'école nationale, ils en furent détournés chaque jour par les marchands eux - mêmes , qui redoutaient des juges dangereux pour ce commerce inconnu.

Tout cela était peu propre à former et à encourager les paysagistes français par le peu d'accueil qu'obtenaient leurs tableaux. On vit cependant quelques artistes courageux faire paraître des paysages aux diverses expositions publiques. Le goût du paysage reprit peu à peu ; de vrais amateurs de la peinture qui ne partageaient pas ces sentiments , encouragèrent les peintres de paysages.

Vernet arrive en France avec un grand talent formé pendant un séjour de vingt années en Italie. On se souvient avec quelle avidité ses ouvrages furent achetés à Rome par tous les étrangers que son assiduité au travail pouvait à peine satisfaire. Il transporte à Paris l'Océan avec toutes ses fureurs, il effraye par la vérité, l'horreur de ses tempêtes et les suites affreuses des naufrages.

Les paysages et les marines de *Vernet* captivèrent tous les suffrages de la nation ; l'Académie royale le reçoit dans son sein. La grande facilité qu'il avait acquise par ses longues études lui fit produire une infinité de chef-d'œuvres. Les artistes, les gens de goût voulurent posséder ses heureuses conceptions. La gravure s'empresse aussitôt de les multiplier ; son nom vole de bouche en bouche, la France prit de ce moment le goût du paysage et des marines.

On sait quel succès obtint la gravure de trois de ses principaux tableaux sous le burin savant de *Baléchou*. Tout le monde désira placer dans son cabinet ou dans son salon, la Tempête, le Calme et les Baigneuses. Jamais suite de gravures ne se répandit aussi promptement et n'obtint autant de succès. Il y a peu de maisons où l'on ne trouve ces trois estampes, qui dans la suite ont été portées à un très-haut prix.

Les ports de France ne tardèrent pas à se multiplier par les talents distingués (1) de deux des plus célèbres graveurs du dix-huitième siècle. On les voit par tout, et rien de plus connu que les ports de France de *Vernet*, nom qui est passé dans toutes les bouches et que de nouveaux talents héréditaires perpétuent avec honneur.

Ce ne fut pas sans surprise que l'on vit la représentation de cet élément terrible, dont *Vernet* a saisi toute la vérité au point d'effrayer le spectateur.

Cet habile peintre fit passer en revue les diverses variétés de la mer; le plus beau calme parut à côté de la tempête la plus horrible.

Toutes les bizarreries de la nature furent

______

(1) *Lebás* et *Cochin.*

également rendues par le talent du fertile *Vernet*. Il transporta sur la toile avec la plus étonnante vérité les formes diverses et l'âpreté des rochers, ces digues énormes qu'elle a placées pour arrêter les fureurs de l'Océan.

Ses compositions s'enrichirent des études qu'il avait faites de la cime élevée des Alpes et des Apennins, où se forment les cataractes qui s'échappent du haut de ces montagnes inaccessibles et retombent avec fracas dans des gouffres profonds. Des villes de formes pittoresques, de superbes aqueducs et les plus beaux monuments de l'antiquité contribuèrent à varier ces scènes immenses auxquelles le pinceau de cet habile peintre a imprimé un si grand caractère.

Un nouveau prodige en paysage enrichit presqu'au même moment l'école française par ses productions tout à la fois faciles, fortes et gracieuses. Un peintre très-jeune encore, venu des bords du Rhin, arrive à

Paris avec un talent admirable. Il étonne tous les artistes, par la vérité, par la fraîcheur de son coloris et par la franchise de sa touche.

Loutherbourg rivalise *Vernet* à l'exposition de ses tableaux de marines, traités d'un genre tout différent, mais dont la vérité ne glaça pas moins d'effroi. *Vernet* étonna par ses tempêtes de la Méditerrannée, *Loutherbourg* peignit, avec une extrême vérité, toutes les horreurs de la mer Baltique.

En admirant ses tableaux, on craint presque d'être mouillé par l'écume qui s'élève des vagues dont on croit sentir l'humidité.

Loutherbourg peignit aussi des paysages avec naïveté et d'une grande fraîcheur, ornés de scènes familières de pâtres, de troupeaux, d'animaux de toute espèce qu'il traitait avec grâce; il ne réussit pas moins dans ses tableaux de chasses et de batailles.

La gravure publia également les agréables conceptions de cet habile peintre, que l'Angleterre nous a ravi.

Le Prince (1), artiste dont la verve n'était pas moins féconde, arrive à Paris, de retour de son voyage en Sibérie. Il reparaît après une longue absence, avec une collection d'études et une infinité de costumes absolument nouveaux pour la France.

Ce peintre qui avait pénétré jusqu'aux bornes de l'Asie étale aux expositions du Louvre les modes, les usages, les caractères différents de cette variété de nations qui couvrent l'immense Russie, depuis la Newa, le Mont Caucase, jusqu'aux bords de la mer Caspienne, et l'on vit paraître pour la première fois les costumes civils,

---

(1) *Le Prince* avait accompagné l'Abbé Chappe dans son voyage en Sibérie, comme dessinateur et peintre de l'expédition.

militaires , la représentation des cérémonies religieuses , les foires , les marchés et les exercices de ces peuples divers ; tout ce que ces contrées lointaines
offrent de singulier passa en revue dans
les tableaux de *le Prince* ; mais ce n'est
que comme peintre de paysages qu'il doit
occuper dans cet ouvrage une place dis-
tinguée.

Les premiers paysages que présenta *le
Prince*, quoique touchés avec la plus grande
finesse , se ressentaient de la teinte et de
la manière de l'école (1) qui l'avait nourri ,
et que ses voyages lointains n'avaient pu
effacer.

Cet homme plein de génie s'aperçut
bientôt qu'un coloris brillant, qu'une touche fine et spirituelle , sans la vérité de la
nature , ne pouvaient lui assurer une réputation durable. Il ne veut plus voir que la

____

(1) Il avait été élève de *Boucher*.

nature ; il achète (1) une habitation agréable , dans une belle situation , sur les bords de la Marne, où il allait passer une partie de l'année. C'est là que, la palette à la main , il s'occupait à peindre et à observer les beaux effets qu'elle présente.

A chaque nouvelle exposition, les éloges du public vinrent couronner ses heureux efforts. Ce n'est plus *le Prince* arrivant de Russie , c'est l'élève de la nature que l'on admire.

Il ne manquait à ce laborieux et fertile génie qu'une meilleure santé qui , délabrée par les fatigues de ses voyages, ne pouvait lui promettre une longue existence ; la mort vint le ravir aux arts encore dans la force de son âge.

Fragonard , autre peintre très-ingénieux, fait pour briller dans toutes les parties de la peinture , s'était formé en Italie un genre de paysage enchanteur.

____

(1). Dans les environs de Lagny.

Cet artiste , dont le pinceau saisissait toutes les formes et tous les tons, peignit avec le plus grand succès quelques jolis tableaux dans le goût de l'école flamande ; il imita souvent *Ruisdaal* à tromper , ainsi que plusieurs autres peintres ; ses imitations et ses propres paysages furent vendus très-cher , et eurent la plus grande vogue.

D'autres peintres , animés par ces nouveaux chef-d'œuvres , se livrèrent à l'étude du paysage ; mais il était réservé à un artiste célèbre (1), nourri de la lecture des poëtes et des anciens , de régénérer le paysage historique. De retour d'Italie , où il avait formé son goût par l'étude des monuments et des beaux sites , il fait de nombreux élèves , qui, à son exemple, se sont livrés au paysage , et ont été continuer leurs études dans ce pays fertile en grands souvenirs ; leurs tableaux font en ce moment

____

(1) M. *Valenciennes.*

l'honneur de l'école française dans le genre du paysage, qu'ils ont porté à un très-haut degré.

Plusieurs autres paysagistes français et étrangers établis en France brillent avec succès aux diverses expositions. Ainsi la France s'est emparée du sceptre du paysage, soit dans le genre héroïque, soit dans le genre pastoral ou naïf.

Je ne m'étendrai pas plus au long sur l'éloge de ces peintres, dont le public apprécie chaque jour les heureux talents.

DU PAYSAGE EN GÉNÉRAL.

DE tous les genres de la peinture, le paysage est sans contredit celui qui présente plus de charmes et plus d'attraits. Le paysage moins susceptible de régularité, n'exige point cette longue série d'études et de principes exacts essentiellement nécessaires pour bien traiter l'histoire et toutes les autres parties de l'art qui ont pour objet la représentation du corps ou de la figure humaine.

Celui qui a reçu de la nature l'heureuse influence de l'observation, et cette légère teinte de mélancolie qui fait trouver le bonheur au sein de la solitude, celui qui éprouve le besoin, je dirai même une douce volupté à se trouver seul au milieu des campagnes et des bois, dans le silence de la nature, celui-là est né paysagiste.

Loin du commerce du monde, le génie du peintre de paysages s'empare de tout ce qui l'environne, la nature entière devient son patrimoine, elle paraît faite exclusivement pour lui. Tout le charme, tout l'enchante; à chaque pas, de quelque côté qu'il porte ses regards, il aperçoit de nouvelles beautés. Souvent dans son extase, on le croirait un être inanimé, quand tout à coup revenant de sa rêverie, il enrichit son porte-feuille et sa mémoire de tout ce qu'il vient d'observer.

La vie entière du peintre de paysages doit être une étude continuelle; c'est ainsi qu'il peut espérer de plaire et d'assurer sa réputation.

Il est bien difficile de ne pas se laisser entraîner au plaisir de peindre le paysage : la vue des beautés, des bizarreries même de la nature excite dans l'ame du peintre une émotion surnaturelle, une admiration auxquelles il ne peut résister, bien loin de

ressembler à ces êtres froids et insensibles
auxquels le ciel paraît toujours bleu , et
pour qui les arbres sont uniquement verts.

Le genre du paysage a tant de charmes ,
que souvent, sous le beau ciel de l'Italie ,
on a vu des peintres livrés à l'étude sérieuse
de l'histoire , qui , frappés tout à coup, et
par une sorte d'enchantement, de la beauté
des monuments antiques et des sites variés
de cet heureux pays , se sont abandonnés
par un attrait irrésistible à la représentation
de ces objets pleins de délices. Combien
pourrais-je citer d'exemples d'artistes qui
oublièrent pour l'amour du paysage ce qui
devait faire le principal but de leurs médi-
tations !

Division des différents genres du Paysage.

LE paysage doit se diviser en quatre parties ou genres bien distincts, quoique désignés sous la même et seule dénomination :

1°. Le paysage héroïque, qui doit occuper le premier rang, parce qu'il semble se rapprocher du genre de l'histoire, et qu'il exige de grandes connaissances de celui qui veut s'y livrer avec distinction ;

2°. Le genre pastoral, lequel retrace les mœurs antiques avec cette simplicité noble toutefois, dont *Théocrite* et *Virgile* ont laissé des peintures si séduisantes dans leurs divins écrits ;

3°. L'imitation pure et simple de la nature, telle que l'ont traitée plusieurs peintres flamands et hollandais, soit en paysages proprement dits, soit qu'ils les aient embellis par la représentation de figures ou d'animaux ;

4°. Le genre des marines qui a été rendu avec tant de succès et avec une effrayante vérité par plusieurs habiles peintres des mêmes écoles.

Je développerai dans la suite de cet ouvrage ce qui caractérise chacun de ces genres en particulier ; j'y joindrai des exemples tirés des ouvrages des peintres qui y auront brillé au premier rang ; je rendrai cette division bien intelligible, même pour les personnes qui n'exercent pas la peinture, mais qui la chérissent par goût et par un instinct naturel.

Des dispositions et de la manière d'étudier le Paysage.

CELUI qu'un doux penchant entraîne vers l'étude du paysage, et qui veut s'y livrer avec succès, ne doit s'attacher à aucune manière. Il doit renoncer à toute méthode d'école, j'entends lorsqu'il aura reçu les principes nécessaires pour se conduire lui-même vers l'étude et l'imitation de la nature.

Son premier soin est d'examiner de quels moyens les grands maîtres en ce genre se sont servis pour la rendre avec intérêt dans leurs conceptions, puis il doit aller à son tour prendre les leçons de ce guide de tous les arts. Qu'il profite cependant des conseils et des avis des hommes habiles, consommés dans l'art, mais qu'il copie peu de tableaux.

Le peintre de paysages doit s'attacher à scruter le faire de chaque maître, qu'il étudie sur tout les tableaux de ceux qui ont su allier heureusement une façon de peindre large et agréable avec la naïve vérité de la nature.

Je veux qu'il cherche à observer dans leurs ouvrages ce qui paraît être plus analogue à son génie, qu'il en saisisse à propos les beautés, et que, semblable à l'abeille, il se nourrisse de ce qu'il y a de meilleur dans leurs productions.

Le jeune élève doit bien se garder d'imiter ces artistes peu courageux et casaniers qui s'imaginent trouver le secret de leur art en copiant servilement et souvent avec froideur dans les cabinets et dans les galeries, les chef-d'œuvres des grands peintres qui ont acquis de la célébrité, mais par une route bien différente.

C'est ainsi que ces peintres citadins croyent pouvoir se passer du miroir de la nature, et qui devenus serviles imitateurs ne produisent que de froides copies, souvent très-imparfaites. *O imitatores, servum pecus!* Peut-être obtiennent-ils l'assentiment et même l'admiration d'une certaine classe d'amateurs et de quelques coteries à la mode ; mais ces tableaux loués d'abord avec exagération, vont tapisser les immenses dépôts des marchands et finissent par aider à tromper les faux connaisseurs.

Le peintre au contraire qui a eu le courage de consulter la nature, a toujours le mérite de paraître original ; le paysage d'ailleurs est celui de toutes les parties de la peinture qui offre plus de variété, et auquel l'artiste studieux peut toujours assigner un air de nouveauté qui plaît même au vulgaire peu instruit.

Méthode pour se règler dans le cours de ses études.

Le paysagiste doit mettre beaucoup d'ordre et de soin dans ses études, et ne pas s'accoutumer, dès le commencement de sa carrière pittoresque, à ne faire que de légers croquis ou de simples aperçus des objets dont il doit conserver le fidelle souvenir.

Que d'artistes sont restés fort au dessous de leur talent et qui se seraient fait une grande réputation, pour avoir pris de trop bonne heure cette habitude d'étudier et de courir précipitamment d'objets en objets, ils ont ainsi abusé de leur facilité, pour faire en apparence une prompte et riche moisson de dessins, dont l'abondance n'a fait que les appauvrir.

Si ces études faites à la hâte et prises pour ainsi dire à la volée, meublent promptement leurs porte-feuilles, elles les mettent ensuite dans un embarras extrême, en ne leur laissant que de faibles souvenirs. Ces études dépourvues des véritables effets de lumière que donne la nature, obligent l'artiste d'en imaginer qui manquent de force et de vérité ; écueil dangereux qui le conduit à la manière, et qui finit par discréditer ses ouvrages.

Cette pratique de croquer et de faire de simples aperçus ne peut convenir qu'au peintre consommé, qui a passé sa vie entière à étudier sérieusement et à toujours observer ; alors la forte habitude qu'il a de la nature, lui rappelle sur un simple trait fait adroitement ce qu'il a vu ; il le reporte sur la toile avec cette vérité que donnent seules l'expérience et de longues études.

Ce n'est qu'après avoir acquis cette grande habitude de la mémoire, qu'il faut user de ces moyens, mais toujours avec sobriété : on peut citer *Vernet* comme un prodige et comme un exemple frappant d'une mémoire extraordinaire.

Ce peintre fécond, avec un trait, un simple souvenir, faisait naître un tableau qui avait toute la vérité, tout l'effet de la nature ; mais combien peu d'hommes ont reçu ce don précieux qu'il possédait au suprême degré.

L'étude de la perspective est sur-tout indispensable pour le paysagiste ; elle lui sert de guide et de boussole pour le conduire, et pour placer tous les objets en une juste proportion dans les divers plans de son tableau. Elle lui sert à éviter les erreurs dans lesquelles il tomberait , sans cette science régulatrice.

On a vu de grands peintres négliger cette étude, et croire que la vue seule de la nature pouvait servir à les guider ; aussi ont-ils laissé dans leurs ouvrages des fautes impardonnables.

On ne peut assez recommander aux jeunes

gens l'étude de la perspective , qui n'a de rebutant que les premiers pas que l'on y fait , mais qui procure bientôt autant de satisfaction qu'elle avait d'abord fait éprouver de dégoût à ceux qui ont eu le courage d'en surmonter les difficultés.

Combien le peintre de paysages doit observer les règles de la perspective aérienne , qui sert à répandre une illusion si douce sur les objets même les plus éloignés !

Le paysagiste doit étudier et observer toute sa vie ; il ne doit jamais laisser échapper une occasion de consulter la nature : toujours le crayon à la main, il faut qu'une promenade utile soit le délassement du travail de la journée. Quitte-t-il sa palette et son atelier , le soleil couchant l'appelle à la campagne, ou sur le bord des eaux. C'est à cette heure du jour , moment du repos de la nature , qu'elle lui offre de grandes leçons d'harmonie.

Les Saisons et les Heures du jour.

Toutes les saisons de l'année sont propices à l'étude du paysage ; elles offrent chacune une variété d'études et d'observations , qui ne laissent jamais oisif celui qui se plait à consulter la nature.

Si chaque heure du jour présente aussi divers tableaux d'une grande variété , il faut convenir cependant qu'il est des saisons et des moments de la journée dont les effets sont plus favorables à la peinture.

Le matin et le soir doivent fixer principalement l'attention du peintre de paysages. Le matin par sa belle fraîcheur , par ses beaux tons vagues et argentins ; le soir par la beauté et la richesse des tons de couleur. Le milieu de la journée présente une clarté vive et générale , qu'il est assez difficile de rendre avec succès.

Est-il un spectacle plus délicieux que le

moment du lever du soleil , lorsque les vapeurs qui s'exhalent de la terre se colorent d'une légère teinte de rose, dernières traces de l'aurore qui s'enfuit à la présence du soleil ? A peine aperçoit-on les lointains encore enveloppés dans le vague ; les arbres, les côteaux s'éclairent par degrés, et participent de cette fraîcheur qui annonce le réveil de la nature.

Le soleil encore enveloppé de nuages fait de vains efforts pour lancer la totalité de ses rayons éblouissants , dont quelques-uns percent et semblent s'échapper à travers la vapeur.

Triomphe-t-il enfin des obstacles qui s'opposent à sa clarté , les vapeurs sont dissipées , son disque radieux éclaire toute la campagne : voilà le moment du peintre. Cette scène du matin se varie à l'infini, et produit toujours de beaux effets. Les grands paysagistes d'Italie en ont souvent produit des tableaux fort intéressants : *Claude le*

Lorrain, *Herman - Swanevelt*, *le Guas-pre*, *Vernet* formé à leur exemple, ont rendu ce beau moment avec une vérité surprenante.

En Hollande, *Berchem*, *Wouvermans*, *Adrien Vanden-Velde*, *Carle Dujardin*, *Vinants*, *Both* d'Italie, *Moucheron* ont enrichi les arts de magnifiques et précieux tableaux du matin. Plusieurs paysagistes allemands, parmi lesquels il ne faut pas oublier *Dyetrici*, ont également réussi à rendre la fraîcheur du matin et ces tons tendres et vaporeux, si agréables à la vue. C'est dans le silence des campagnes qu'il faut saisir ces effets admirables pendant le sommeil de l'oisif et paresseux citadin.

Il est plus difficile à la peinture de rendre la vive clarté du midi, où le ciel, d'un azur pur et brillant, n'est traversé que par quelques nuages, qui par leur blancheur éblouissante ressemblent à des montagnes de neige. Il faut des ombres à la peinture, et l'on ne peut espérer d'effet à cette heure du jour, à moins que des nuages précurseurs de la pluie, venant à obscurcir l'atmosphère, ne produisent un effet souvent très-vif et très-piquant par la lumière qui s'échappe avec vivacité à travers les masses sombres du ciel.

C'est sur-tout au moment où les nuages poussés rapidement par le vent, portent leurs ombres ambulantes sur les plaines et sur les coteaux.

Combien de fois suis-je resté en extase, tranquille observateur de ces beaux accidents de lumière, que *Rembrant*, *Jacques* et *Salomon Ruisdaal* ont si bien saisis dans leurs tableaux immortels.

La mémoire du peintre de paysages doit s'approprier à son tour ces effets si pittoresques, pour les retracer sur la toile.

Le coucher du soleil offre une richesse inépuisable de tons étincelants. Toute la nature se colore d'un ton violâtre et pur-

puré, les lointains de teintes jaunâtres et orangées vont se perdre avec l'horison qui présente un ardent foyer de lumière. Toutes les montagnes, les plaines, les diverses fabriques, les arbres ont perdu la couleur du jour pour s'emparer de la teinte du soir, et se peignent dans les eaux.

Il est à remarquer que le soir les ombres et les reflets conservent une couleur d'un vert prononcé, ce qui s'aperçoit aisément lorsque les eaux ont acquis la couleur générale du ciel. Il est facile de se convaincre de cette vérité quand un bateau ou tout autre objet se trouve sur une rivière. Les reflets répétés dans l'eau, paraissent d'un vert pur, par l'opposition du ton jaune ou orangé qui le colore.

Dans ces moments du calme précurseur du sommeil de la nature, les eaux inspirent une sorte de mélancolie douce qui plaît à l'imagination du peintre qui, tout plein de ces pensées, s'aperçoit à peine de la chute du jour, si la lumière de l'astre des nuits qui déjà frémit dans l'onde en longs sillons, ne venait captiver de nouveau son attention. Le disque brillant de la lune, souvent entouré d'une auréole d'un gris jaunâtre, lorsquelle est traversée par les nuages dont elle se dégage pour paraître plus lumineuse, colore d'un ton légèrement orangé ceux qui avoisinent le plus sa lumière.

La scène est changée, tous les objets ont à peine conservé quelque légère teinte du jour.

Leurs formes se détachent sur la faible clarté du ciel, les seuls monuments qui se trouvent fortement éclairés par la lumière vive de la lune, conservent encore une partie de la couleur qui les animait dans le jour.

Plusieurs habiles peintres de l'école flamande et hollandaise se sont fait un nom distingué par leurs talents à peindre avec une très-grande vérité des tableaux de clairs de lune. *Vander-Neer*, hollandais, est regardé comme le plus célèbre en ce genre ; plusieurs autres ont rivalisé avec lui, quoiqu'avec moins de célébrité. En France, *Vernet* s'est montré au premier rang dans cette partie de la peinture qu'il a su ennoblir par divers accidents de feux et par des scènes intéressantes, ce qui lui donne un grand avantage sur le peintre que j'ai cité.

Le peintre de paysage historique trouve encore ici à exercer son génie. La mort de Pyrame et Thisbé lui offre le sujet d'un intéressant tableau. Celui des visites nocturnes de Diane près de son cher Endymion est du plus grand intérêt pour le paysagiste dont le génie sait s'emparer des charmantes illusions de la fable et de la poésie.

Manière d'envisager un site et de se placer pour le bien rendre.

Lorsque l'on veut dessiner un paysage d'après nature, il faut éviter d'en placer le point de vue trop élevé, ce qui est moins agréable que lorsqu'il se trouve à la hauteur de l'œil du dessinateur, à l'horison, où il faudrait le supposer placé sur une haute élévation qui lui laisserait apercevoir une très-grande étendue, et par conséquent le point de vue deviendrait très-élevé.

Il est des circonstances où l'on est obligé d'entreprendre de ces sortes de dessins; mais il est un juste milieu à garder, car si l'on plaçait ce point de vue beaucoup trop haut, il ne resterait que peu ou point de place pour le ciel, ce qui deviendrait alors un plan topographique, et il faut y

être absolument obligé pour entreprendre
de semblables points de vue.

Le succès d'un paysage dépend souvent
de la manière dont le peintre l'a d'abord
envisagé sur la nature. Tel site très-sim-
ple, qui, au premier aperçu, n'offre rien
de saillant ni de pittoresque, lorsqu'il est
rendu par un artiste bien inspiré, produit
souvent un tableau plein d'intérêt. Un simple tertre, éclairé vivement des rayons du
soleil, soutenu de quelques masses d'arbres,
une pauvre cabane, se font admirer lorsqu'ils sont rendus avec vérité.

Presque la totalité des tableaux de *Ruisdaal* et d'*Hobbéma* qui sont la traduction
naïve et fidelle de la nature, produisent un
certain charme qui enchante; on ne peut
se lasser d'en admirer la franchise et la
naïveté, quoiqu'ils ne présentent rien qui
parle à la pensée; mais ces peintres ont
su se placer du côté favorable; ils ont saisi
à propos les beaux effets de lumière sans

lesquels on manque totalement le but de la peinture.

Il est d'autres peintres de l'école flamande qui ont trouvé l'art de répandre un plus vif intérêt dans leurs productions par la représentation en grand des vues simples mais très-étendues de ce pays. *Van-Artois* et son élève *Huysmans*, de Malines, brillent au premier rang dans les tableaux de paysages d'une très-grande proportion et d'une grande étendue de pays. Ces géants de la peinture ont introduit dans leurs tableaux des accidents de lumière admirables, qui y répandent une vivacité et des effets surprenants.

Leur manière de peindre, sur-tout celle d'*Huysmans*, est large, facile et moelleuse. Ce peintre réussit particulièrement à représenter les terres écorchées par le passage des torrents, où le jaune et le blanc mêlés au gris du silex, se disputent la lumière du soleil. Des arbres à demi-déracinés, suspendus par

la pointe de faibles racines , des plantes
de toute espèce couronnent ces masses ar-
gilleuses et y laissent pancher leurs différents feuillages mêlés aux ronces et aux
lianes pendantes sur la terre.

Tout ce que la campagne produit en
grandes plantes meuble les premiers plans
de leurs savants tableaux. Il est peu d'ouvrages de ces maîtres dont la vue ne fût
utile aux jeunes peintres qui se destinent
à l'étude du paysage ; je les appellerais
presque des dictionnaires universels à l'u-
sage de cette partie de la peinture.

Combien les bords des rivières, les canaux,
les prairies , les forêts, les plaines, les vallées,
où l'œil s'égare à l'infini, n'offrent-ils pas
d'intéressantes études ? Les grandes forêts,
séjour du silence et de la mélancolie, présentent à chaque pas des aspects toujours
pittoresques, sur-tout lorsque les rayons du
soleil venant à percer leur obscurité, frap-
pent de sa brillante lumière des groupes

d'arbres aussi vieux que le monde, et qui
se présentent sous mille formes différentes.

Quoi de plus enchanteur que l'aspect
d'une vallée où les côteaux se suivent, s'en-
chaînent et se croisent à perte de vue, et
auxquels le lever et le coucher du soleil
prêtent toujours des formes variées et pi-
quantes ? Le cours sinueux des eaux qui
la traversent, semble souvent se dérober
à l'œil pour reparaître plus brillant par
l'éclat du soleil.

A chaque pas le paysagiste trouve des
jouissances nouvelles. Quel plus vaste champ
que ces immenses prairies couvertes de nombreux troupeaux, dont les couleurs variées
se détachent si agréablement sur le gazon verdoyant ! Quelles études pour le peintre qui se
plait à observer le mouvement, le repos, les
attitudes différentes de ces paisibles créatures de formes si pittoresques, placées sur
la terre pour les besoins de l'homme !

Qu'il est heureux celui qui loin du commerce du monde , sait trouver une douce satisfaction au milieu des troupeaux étonnés de sa présence ! Vous sûtes en jouir déli- cieusement, peintres célèbres et laborieux ; l'honneur de l'école hollandaise , qui avez brillé au premier rang dans cette partie de la peinture, *Paul Potter*, *Adrien Vanden- Velde*, *Carle Dujardin* , jeunes peintres si célèbres , qui fûtes enlevés aux arts à la fleur de votre âge (1) !

Berchem , le favori de la nature , qui trouva l'art de répandre tant de grâces sur un genre qui en paraissait le moins sus- ceptible , ce peintre fécond peignit peut- être avec moins de naïveté que les trois premiers, mais il eut l'avantage d'ennoblir ses compositions par la présence de vastes monuments , de rochers de formes pitto- resques ; par des détails riches de touche

(1) Ces trois peintres périrent à peu près à l'âge de trente ans.

4

et de couleurs , terminés par des fonds de la plus grande étendue, joints à l'entente parfaite de la perspective aérienne. Ajoutez aux talents de *Berchem* l'art de peindre les ciels avec une légèreté et une vapeur qui enchantent, et de donner à ses nuages les formes les plus variées : on pourrait joindre à ces noms célèbres ceux *de Roos , de Van-Romayn, de Van-Blom*, qui se sont adonnés avec succès au même genre.

Ces heureux peintres trouvèrent le bonheur dans la pratique de leur art, la plupart d'entre eux vécurent peu connus et assez mal récompensés ; mais la postérité les a déjà vengés de l'oubli de leur siècle. La première jouissance de l'artiste est dans la pensée de plaire et de faire éprouver aux autres les vives sensations qu'il a déjà savourées lui-même ; car, n'en doutez pas, les amis des beaux arts et de la nature applaudiront d'autant plus à vos efforts qu'ils la retrouveront entièrement dans vos productions.

Si la Hollande eut ses peintres d'animaux, on vit aussi sur le sol brûlant de l'Italie un artiste ingénieux et plein de verve, embrasser le même genre avec des moyens tout différents.

Le Benedette Castiglione se fit une gloire immortelle par la manière savante avec laquelle il peignit des animaux de toute espèce. Son génie plein de feu et d'enthousiasme en ennoblit les formes différentes, il les introduisit dans des sujets d'histoire où souvent ils jouent le principal rôle, et il assigna pour ainsi dire à ses animaux un caractère tout à fait historique.

On dirait en examinant les tableaux du *Benedette*, qu'il les composait la Genèse à la main. Son génie pénétré des antiques traditions patriarcales des premiers âges du monde, et de la pensée de ces hommes fortunés qui trouvaient le bonheur au sein d'une vie nomade et paisible, environnés de leurs troupeaux, leur unique richesse, les a peints avec la plus grande vérité.

On croit les voir gravir encore les sentiers tortueux des montagnes de la Mésopotamie, ou traverser les plaines immenses de la fertile Egypte. C'est ainsi que l'imagination du peintre et du poëte a le droit de tout embellir, même les objets les plus simples, lorsque le génie sait leur imprimer une sorte de grandiose et de majesté.

. . . . Pictoribus atque poëtis
Quidlibet audendi semper fuit æqua potestas.

Plusieurs siècles avant *le Benedette*, des peintres vénitiens, *les Bassans*, avaient fait preuve de grands talents dans la représentation d'animaux de toute espèce, et dans le genre vraiment pastoral.

Le genre pastoral ou naïf peut se diviser en deux parties : la première, des peintres qui, nourris de la lecture des poëtes champêtres, se sont adonnés à représenter des scènes de bergers à la manière antique.

Ce genre se rapproche assez souvent du genre historique.

Stella parmi nous est le meilleur peintre du style pastoral. Ses tableaux sont des modèles en ce genre, et il parut inspiré par les Églogues de Virgile. *Stella* semble s'être transporté au siècle où le Cygne de Mantoue chantait sur sa lyre les hymnes champêtres des bergers d'Italie. On croirait le voir, composant ses tableaux, assis parmi eux sous l'épais feuillage d'un vieux hêtre.

Il n'a pas moins mis de grâce à peindre les fêtes, les cérémonies des villageois italiens où règne un style simple, naïf et noble tout à la fois.

Il est d'autres tableaux qui tiennent le milieu entre le pastoral et le genre naïf de la nature. Ceux de *Claude le Lorrain*, le père de l'harmonie, semblent se présenter d'abord comme les vrais modèles de ce genre mixte. Ce grand peintre qui doit être regardé comme le *Raphaël* du paysage, à trouvé le moyen d'ennoblir ses ouvrages par la représentation de grands monuments d'architecture , auxquels il sut allier toute la simplicité et toute la vérité de la nature. Personne n'a porté comme lui au suprême degré la dégradation des couleurs et la science de la perspective aérienne. Tout est grand , tout est noble dans les tableaux du *Lorrain* , ses conceptions ont toujours un air de mélancolie qui porte à une rêverie douce et agréable.

Herman d'Italie et *le Bourguignon* , ses élèves, doivent se placer à côté de lui, ces deux peintres ayant souvent approché de leur maître. On pourrait y joindre *Patel* le père , élève du *Vouet*, dont les ouvrages respirent la simplicité des mœurs antiques.

L'autre genre pastoral ou naïf est celui dont les écoles flamande et hollandaise nous ont laissé de beaux modèles. Leurs tableaux enchanteurs, quoique très-simples, intéressent le spectateur par l'exacte imitation de la nature, la belle couleur et l'effet admirable du clair obscur. *Paul Potter*, *Carle Dujardin*, *Adrien Vanden-Velde*, *Berchem*, *Wouvermans*, *Pynaker*, *Asselin*, *Jean* et *André Both*, *Jean Miel*, *Everdingen*, *Corneille Poelembourg*, *Pierre de Laar*, *Albert Kuip*, brillent parmi une foule d'habiles peintres des mêmes écoles.

Je place *Jacques* et *Salomon Ruisdaal* à la tête de ceux qui ne se sont uniquement attachés qu'à la plus fidelle imitation de la nature, sans y avoir presque rien changé. Les objets les plus simples leur ont fourni de délicieux paysages ; souvent ce n'est qu'une portion de terrein lumineux, opposé à un ciel chargé et couvert, soutenu d'arbres d'un ton brillant et vigoureux ; tantôt c'est une simple chute d'eau qui s'échappe à travers les ronces et les cailloux ; ici c'est un moulin de couleur argilleuse qui se détache sur un ciel clair et argentin, à travers duquel brille le plus bel azur. Ces deux peintres et quelques-uns de leurs imitateurs se sont uniquement occupés de traduire la nature telle qu'elle se montrait à leurs yeux ; ils n'ont pas même songé à orner leurs tableaux de figures ni d'animaux, et ont souvent été obligés d'avoir recours à des mains étrangères.

Je me suis bien gardé de placer *Herman Swanevelt*, quoique né en Hollande, sur la même ligne des peintres de cette école, avec *Ruisdaal* et tous ceux qui se sont adonnés à la simple imitation de la nature. *Herman*, ayant passé sa vie entière en Italie à dessiner et à méditer les monuments et les beaux sites, avait acquis un style bien plus élevé que ses compatriotes. J'ai parlé dans ma Galerie (1) de cet habile peintre dont l'œuvre considérable est répandu

_____

(1) Galerie des Peintres célèbres, par l'auteur de cet ouvrage.

dans tous les porte-feuilles des amateurs et dans les principales collections.

Si le genre pastoral veut être traité avec une sorte de noblesse, avec cet instinct naturel qui n'est autre chose que le goût, ce tact délicat accordé à un très-petit nombre d'hommes, quelles études et quelles réflexions ne doit pas faire le peintre que son génie destine à représenter les grandes scènes de la nature ?

Quelles observations pour bien rendre ces masses imposantes de montagnes et de rochers qui semblent placés sur le globe pour fixer l'admiration et faire l'étonnement de l'homme ! Que d'études pour parvenir à dessiner ces vastes débris auxquels les peuples anciens ont assigné tant de grandeur et de majesté ! Avec quel art il faut traiter les différentes espèces d'arbres, indiquer la variété, les formes, la couleur qui les caractérisent et qui les distinguent les uns des autres ! Combien il faut

d'adresse et de discernement pour bien
combiner les lignes, les varier, afin d'éviter la monotonie et la répétition des mêmes formes dans un genre qui n'a droit
de plaire qu'autant qu'il se rapproche le
plus de la nature ; on sait qu'il veut être
traité avec noblesse, et qu'il ne peut souf-
frir de médiocrité ! Le peintre, au contraire, qui se borne à la simple imitation
de la nature, est toujours sûr de plaire
par la vérité des détails, l'œil de l'homme
le moins connaisseur, étant accoutumé à
comparer des objets semblables à ses tableaux : mais on a droit d'exiger bien plus
de celui qui se livre au genre héroïque.

Le genre héroïque.

On appelle genre héroïque en paysage celui où le peintre, nourri de la lecture des poëtes, des auteurs anciens, ainsi que de l'étude des grands monuments de l'antiquité, sait ennoblir ses compositions par quelque trait d'histoire. Tout ce qui constitue la composition de ces tableaux doit être grand, noble et simple tout à la fois ; on doit y voir placés à propos des morceaux de bonne architecture, soit que l'imagination du peintre les représente dans leur premier état de splendeur, avec les belles formes et les sages proportions que leur avaient assignées les Grecs et les Romains, soit qu'il se contente d'imiter les vestiges échappés aux ravages des révolutions ou à la longue série des siècles passés.

Le Poussin doit occuper la première place du genre héroïque. Ce grand peintre

a laissé dans ce genre les plus beaux modèles à imiter. Que de noblesse, que de
majesté dans les paysages du *Poussin !* S'ils
n'étaient pas aussi connus, j'entrerais dans
quelques détails sur sa grande manière de
les composer et sur les divers sujets d'histoire analogues dont il avait l'art de les
enrichir. *Le Guaspre*, son beau-frère et
son élève, l'a souvent si bien imité que
l'on est quelquefois tenté de le prendre
pour *le Poussin* lui-même.

Le Giorgion, *le Titien*, *le Mutian*, *les
Carraches*, *le Dominiquin*, *l'Albane* avaient
déjà tracé la route du paysage historique
avant *le Poussin*, mais il les a tous surpassés. Cependant ces hommes célèbres
avaient laissé des monuments remarquables
d'un grand goût héroïque et idéal, lesquels
sont devenus de vrais modèles à imiter.

Beaucoup d'autres peintres de l'école
d'Italie suivirent la même carrière et y ont
brillé à leur tour; de ce nombre, on peut

citer *Paul Panini*, *Locatelli* ; mais le premier s'attacha particulièrement à former ses compositions des divers monuments d'architecture.

Nécessité de voyager pour se former un grand goût dans l'étude du Paysage héroïque.

Il est indispensable au peintre que son goût appelle vers le genre héroïque, d'entreprendre des voyages. Notre patrie est peu propre à former son talent et à enflammer son génie ; l'art qui gâte et détruit souvent les formes pittoresques, s'y montre de toutes parts au détriment des droits de la nature.

C'est en visitant l'Italie et la Suisse, c'est en gravissant ces chaînes de montagnes, ces géants du globe, que l'imagination du peintre se nourrira des beautés et de la variété infinie de formes, d'accidents et des couleurs différentes qu'elles lui présentent.

C'est en parcourant la Grèce, Pausanias à la main, qu'il se meublera d'idées sublimes qui embelliront ses tableaux ; il trouvera bien plus de plaisir à dessiner un monument qui lui rappelle un trait historique ; c'est là seulement qu'il se sentira transporté hors de lui-même, en portant ses regards sur l'immensité qui l'environne ; c'est alors que s'agrandira la sphère de son imagination, et qu'il formera une ample moisson d'études utiles pour l'avenir.

Arrivé dans ces lieux qui furent le berceau des arts et le théâtre de tant d'événements, au milieu de ces nobles vestiges de l'antiquité, qu'une longue suite de siècles n'a pu dévorer, il se croira parmi les peuples savants qui les élevèrent et dont le génie en dirigea les belles formes ; cette idée propre à enflammer sa pensée, lui fera produire des tableaux qui fixeront les regards de son siècle et ceux de la postérité.

L'aspect des cascades, ces torrents qui
s'échappent avec rapidité de la cime des
rochers et se précipitent avec fracas dans
des gouffres dont l'œil ne peut mesurer
la profondeur, les forêts d'arbres toujours
verts qui les environnent, ajoutent encore, par leur sombre couleur, à ce spectacle terrible et magnifique. Que d'images
se graveront profondément dans sa mémoire
pour s'y reproduire sous toutes les formes
que voudra lui prêter son imagination
pleine de nobles pensées et de grands
souvenirs !

Le Bourdon, dans ses rêves gigantesques, a tracé des images frappantes de ces
sites extraordinaires. Il n'a manqué à cet
étonnant génie, à cet homme universel,
l'un des plus grands peintres de l'école
française, que de les avoir rendus avec
plus de charmes de couleur et de vérité.

ses pensées sont grandes, elles sont souvent sublimes ; elles inspirent une sorte de terreur, et cette sombre mélancolie qui constitua son caractère et son existence.

Qui ne serait tenté de croire que souvent il n'a pas dû être effrayé lui-même devant ses propres tableaux, en se croyant seul au milieu de ces lieux sauvages auxquels sa brûlante imagination semblait donner une double existence ?

Mais, je le répète, *le Poussin* doit être regardé comme le fondateur du genre du paysage héroïque. C'est lui qui le premier traça le véritable sentier qui conduit à l'étude de cette belle partie de l'art, et ses paysages sont demeurés les plus beaux modèles à suivre pour ceux qui veulent s'y livrer avec succès.

Francisque Millet fut un des principaux et des meilleurs imitateurs du *Poussin*, dont il avait observé et adopté les tableaux à son arrivée à Paris.

Ce peintre flamand a souvent approché de la manière de composer du *Poussin*, il a même cherché à donner à ses figures les formes, le style et le caractère de celles de ce grand maître. Sans une observation un peu exercée, on pourrait par fois s'y laisser prendre au premier coup d'œil; mais il n'a jamais possédé la touche large, les pensées savantes du *Poussin*. En général tous ceux qui jusqu'ici l'ont pris pour modèle ne sont point parvenus à le surpasser et à s'emparer de cette profondeur de pensées qui fait le charme de ses belles et savantes compositions.

Le Poussin a tellement su inspirer à son génie le véritable caractère de l'antiquité, que l'on serait tenté de croire qu'il a vécu parmi les peuples et dans les beaux sites que son pinceau a si savamment retracés.

Son génie semble s'être élancé à trois mille ans de son siècle : effort sublime, qui l'a placé à côté de *Corneille*, au premier rang parmi les hommes les plus célèbres qui ont honoré leur siècle et notre patrie !

DE LA MER ET DE SES EFFETS.

La représentation de la mer constitue la quatrième partie du paysage. Cet élément tantôt calme, tantôt terrible dans ses effets, est devenu le domaine de très-habiles peintres, qui se sont aussi adonnés avec succès au paysage proprement dit :

En Hollande, *William Vanden-Velde*, *Bachuysen*, *Everdingen*, *Zéeman*, *Bonaventure Peters*, *Minderhout*, *Storck*, *Salomon Ruisdaal* et beaucoup d'autres peintres de cette école se sont surpassés dans le genre des marines par la vérité des divers accidents de cet élément, par la belle transparence des vagues, la forme diverse des vaisseaux, les détails des agrès et des cordages. Presque tous les tableaux de ces grands peintres de marines inspirent la terreur et l'effroi, et font l'admiration des curieux et l'ornement des premiers cabinets.

Jacques Ruisdaal et *Van-Goyen* se sont aussi exercés au genre des marines, mais ils se sont le plus souvent bornés à la représentation des rivières et des canaux, où ils ont introduit des sujets très-simples de barques et de petits navires.

Vernet a aussi, comme je l'ai déjà dit, illustré le dix-huitième siècle par son grand talent à peindre les effets variés de la mer.

Ce peintre savant a ennobli ses tableaux de marines par la représentation de scènes variées, de jolies figures dessinées avec esprit et peintes avec beaucoup de vérité.

Vernet a eu l'avantage sur les peintres de l'école hollandaise, d'avoir pour ainsi dire placé ses marines dans le genre noble et historique, soit par le beau style des monuments qu'il y a introduits, soit par la forme des hautes montagnes et des rochers, dont la variété de couleurs contribue à la richesse et au grandiose de ses tableaux.

Avec *Vernet* on parcourt l'Archipel, on visite toutes les plages de l'antique Grèce, on se promène le long des côtes de l'Italie. Rome, Naples et la Sicile furent le premier théâtre de ses études et de ses brillants succès.

On s'identifie avec la physionomie étrangère de ces peuples dont les ancêtres nous ont laissé de si grands souvenirs. On croit entendre leurs différents idiomes.

Non moins habile paysagiste, *Vernet* a su retracer avec la plus grande vérité les différentes heures du jour. Ce peintre auquel les diverses parties de l'art ne pouvaient être étrangères, a rendu avec le même succès et la même vérité la belle clarté de l'astre des nuits, qu'il varie souvent par des lumières et des effets de feux qui contribuent à donner plus de vie à ces scènes nocturnes.

LES SAISONS.

LE PRINTEMPS.

LE peintre de paysages ennuyé des longueurs de l'hiver, voit paraître la saison du printemps avec un nouveau ravissement. Le Zéphir commence à caresser de son souffle bienfaisant toute la nature, les amours vont préparer la couche nuptiale de la déesse des fleurs et du dieu volage qui les anime. La terre se pare d'une verdure tendre et naissante, les arbres précoces ont développé leurs touffes de feuilles d'un vert blond et transparent. Tout annonce la jeunesse de la nature. Déjà le cygne se promène majestueusement sur les eaux limpides qui naguères n'offraient qu'un solide et dur cristal.

On pourrait peut-être reprocher à la saison du printemps un peu de monotonie dans la couleur, mais la nouveauté des feuilles leur donne un certain large moelleux et flexible. Le marronnier d'Inde, l'un des premiers arbres qui élève sa tête altière au-dessus des autres, étend avec majesté ses feuilles en grandes masses ; ses superbes bouquets de fleurs argentines qui se montrent presque aussitôt, ajoutent un nouvel éclat à la belle verdure de ses rameaux.

Le tilleul aux larges feuilles se développe et naît presque en même temps. Tous les autres arbres épanouissent leurs bourgeons et étendent leur feuillage, pour embellir la campagne.

Dans les premiers moments de cette saison, le peintre ne se sert guères de sa palette. C'est avec ses crayons qu'il doit d'abord saisir les belles formes des masses qui vont meubler son porte-feuille et le préparer aux études de la couleur.

Vers le milieu du printemps, les arbres vont offrir à l'observateur studieux un mélange de verts et de couleurs variées, dont la richesse veut être imitée par le prestige de la peinture. Les uns d'un clair jaunâtre, d'autres gris et blanchâtres ou d'un vert brillant, vont produire cet heureux mélange et cette agréable variété qui oblige l'artiste à préparer sa palette et ses pinceaux.

Le saule à la feuille longue et déliée et d'un gris clair, se détache sur les arbres d'un vert foncé, tels que le chêne, les ormes et les hêtres.

Les pins de diverses espèces, les acacias chargés de bouquets de fleurs aussi blanches que la neige, brillent à côté du verdoyant sycomore et sur la longue famille des peupliers. Le tremble dont la feuille mince et volage qu'agite sans cesse le plus léger souffle du Zéphir, brille sur les bouleaux, sur l'aune grisâtre et les platanes aux feuilles découpées.

Les lilas, les rosiers chargés de fleurs brillantes, symbole de la fraîcheur, de la jeunesse, concourent à l'embellisement de ce spectacle enchanteur.

Le peintre de paysages héroïques trace déjà ses tableaux ; c'est une fête à Flore dont la toile va s'animer. Une troupe de jeunes bergères apportent en dansant des corbeilles pleines de fleurs dont elles vont former des guirlandes que d'agiles bergers s'empressent de suspendre aux arbres qui entourent le temple de la déesse des fleurs, l'autel parsemé de roses est couvert d'offrandes, déjà les parfums s'élèvent en nuages dorés et répandent une agréable vapeur qui lie ensemble tous les objets du tableau. Des danses se forment au son des flûtes et du tambourin. Des groupes de bergers et de bergères ajoutent à la richesse de cette scène brillante et meublent les divers plans du tableau, les uns debout, les autres nonchalamment couchés, semblent attendre leur tour pour la danse.

Ici c'est Apollon chez Admète, qui sous

un épais berceau de feuillages , retient autour de lui les bergers immobiles , surpris de la douceur et de la beauté de ses chants.

Le dieu de la lumière et de l'harmonie , en gardant les troupeaux , leur donne les premières leçons du chant en même temps qu'il leur transmet avec le rithme de la poësie , l'histoire éternelle des siècles.

Dans un autre tableau , ce n'est plus Apollon sous la forme d'un simple berger , c'est un dieu qui tourmenté de la passion de l'amour , poursuit la légère Daphné à travers les plaines et les bois ; c'est envain qu'elle veut fuir cet amant , c'est un dieu sûr de sa conquête. Épuisée de fatigues , elle court et tombe évanouie dans les bras du fleuve Pénée son père , elle est atteinte par Apollon, mais au lieu des membres flexibles et arrondis de la nymphe , il embrasse l'écorce déjà durcie d'un verdoyant laurier , symbole éternel de la victoire.

Les amours du dieu Pan et de Syrinx, peuvent faire suite au précédent tableau. Amoureux de la nymphe des eaux , le dieu des forêts ne peut goûter aucun repos qu'il n'ait attendri le cœur de la jeune Syrinx. C'est envain qu'il poursuit sans cesse l'aimable nayade à travers les plaines et les bois, le dieu satyre ne peut lui plaire; mais elle a beau fuir, sa défaite est prochaine , la faiblesse de son sexe l'oblige de tomber dans les bras de ses sœurs. C'en est fait , le dieu triomphe , il croit sa victoire assurée , il est près d'atteindre celle qu'il adore , il ne saisit que de fragiles roseaux qui répéteront à l'avenir ses malheurs et ses amours.

L'ÉTÉ.

Déjà les ardeurs du Lion ont échauffé toute la nature, le soleil colore les campagnes d'une teinte jaune presque générale ; les arbres ont acquis une couleur de vert plus rembruni. Les plaines couvertes de moissons jaunissantes qu'agite un léger vent frais, semblables à l'Océan, se balancent en vagues multipliées.

Cette brûlante saison ne permet guères au paysagiste de rester dans la plaine pendant la grande chaleur du jour ; c'est alors qu'il doit aller chercher la douce fraîcheur des bois et la belle verdure des vallées. C'est là qu'assis au bord de l'onde paisible dont le doux murmure imite le gazouillement des oiseaux, il raffraîchit son imagination par de nouveaux sujets d'études. Se sent-il inspiré du goût de peindre des

animaux , une foule de modèles d'une variété infinie s'empressent autour de lui. Le
jeune poulain , la blanche genisse folâtrent
auprès de leurs mères , des groupes de vaches de toutes couleurs sont répandus dans
la prairie.

Le fier taureau au large front, au regard
étincelant , chargé de la garde de ces nombreux troupeaux , les parcourt avec fierté
et se présente à ses pinceaux.

La chaleur favorable au lavage des moutons fournit un tableau d'un nouveau genre ,
lequel n'est pas sans intérêt.

Que de sujets s'offrent au paysagiste
dans cette saison où la nature rend avec abondance à l'homme le fruit de ses labeurs.
Mais que de scènes n'offrent pas les divers
moments de la moisson et de la récolte des
foins au peintre du genre simple et naïf
et au peintre du genre héroïque. Le
prémier s'empare tout simplement des
actions diverses des moissonneurs et des

travaux de la campagne; il en forme des tableaux qui plaisent par le mouvement et la vérité.

Ces sortes de sujets sont trop connus pour que je les décrive.

Je me hâte de retrouver le peintre du genre héroïque; il exécute un tableau de la moisson. Le lieu de la scène est dans la fertile Sicile. Des épis d'une grosseur et d'une hauteur prodigieuse tombent sous la faucille, et déjà l'on s'empresse de les mettre en gerbes.

Le soleil avancé dans sa course annonce la fin des travaux, et répand sur la campagne des tons violâtres et orangés.

La fête des moissonneurs s'apprête, c'est le dernier jour des travaux. La déesse Cérès est élevée et portée en triomphe sur un char pyramidal, formé de gerbes dorées, et traîné par deux jeunes taureaux d'une blancheur éblouissante. Une foule de travailleurs s'empressent autour du char de la déesse et chantent des hymmes en son honneur. La plus jolie bergère du canton, dont le front modeste est couronné de fleurs et d'épis, est ici l'emblême de la déesse de la moisson : des danses se forment à la suite du char de l'abondance , et sont le symbole de l'alégresse universelle.

Un autre tableau est déjà terminé ; c'est une fête à Cérès.

Des moissonneurs reconnaissants, couverts de tuniques blanches , couronnés de fleurs et d'épis , portant une torche allumée , viennent offrir un sacrifice en l'honneur de la divinité bienfaisante des campagnes. Que ce sujet présente d'épisodes charmantes et d'accessoires pour le peintre dont l'imagination s'est nourrie de bonne heure de la lecture des poëtes anciens ! Quelle foule de sujets différents dans les beaux vers de Virgile et d'Ovide !

Est-il sujet plus attendrissant que les amours malheureux de Céphale et Procris !

Cette épouse infortunée, victime de la jalousie, attachée sans cesse aux pas de son fidelle époux, percée d'un javelot, perd la vie par la main de celui qui l'aima si tendrement, l'ayant prise pour une bête fauve dans un buisson où elle s'était cachée pour l'épier plus à son aise.

Quel autre tableau plus déchirant que la mort d'Adonis ! Vénus livrée à la plus cruelle douleur, la tête penchée sur des restes immobiles et glacés de son jeune amant, arrose de ses larmes le beau visage de celui qui ne l'entend plus.

Elle le presse dans ses bras arrondis par les grâces, tandis qu'une foule d'amours en pleurs s'empresse de couvrir de guirlandes de roses blanches mêlées aux noirs cyprès, ce corps inanimé.

Ses chiens naguères sensibles à sa voix, qui le suivirent avec tant d'ardeur dans les forêts et dans les plaines, l'œil morne et le regard égaré, ne peuvent se détacher de celui qui les guida tant de fois à la chasse.

Quelle longue suite de sujets se présente au peintre de paysages doué d'une heureuse imagination ? Ici c'est Diane découvrant la grossesse de Calisto. Séduite par le maître des dieux sous la forme de Diane, cette nymphe malheureuse est chassée de la présence de la déesse, et va quitter pour jamais ses fidelles compagnes.

Là c'est la chaste déesse elle-même surprise au bain au milieu de ses nymphes par Actéon ; confuse d'avoir été vue ainsi nue, elle le change en cerf pour punir sa fatale curiosité, et ce malheureux chasseur est obligé sous cette nouvelle forme de fuir ses chiens insensibles à ses plaintes, qui le poursuivent sans relâche et finissent par mettre en pièces le maître qu'ils avaient tant aimé.

Les amours de Jupiter et de Léda offrent un des sujets les plus gracieux de la fable.

Ce dieu sous la forme d'un cygne , pour mieux tromper son innocence, s'avance doucement sur l'onde transparente , dont il frise à peine la surface. Conduit par une troupe d'amours avec des guirlandes de fleurs , il est dans les bras de la timide Léda , qui loin de redouter la perfidie de l'oiseau , symbole de la pureté , lui fait mille caresses, le presse sur son sein d'albâtre et saisit son joli col dans ses bras arrondis par l'amour.

Dans un bois solitaire, autour d'une fontaine aussi pure que le cristal , loin des regards des humains, le mélancolique Narcisse , amoureux de sa propre image , ne peut se lasser de contempler l'objet de sa passion ; il ignore, l'infortuné jeune homme, qu'il brûle pour lui-même ! Sujet de forêt superbe , et qui prête à placer les plus intéressants accessoires. A ses côtés son chien fidèle , triste comme lui , ne le quitte jamais.

Je ne puis trop engager le paysagiste studieux à se nourrir de la lecture des poëtes. C'est ainsi que *le Poussin*, jeune encore, apprit dans l'habitude de vivre avec le cavalier *Marini*, à savourer de bonne heure les beautés enchanteresses de la poësie, dont l'application a mérité à ce grand peintre la palme du talent et les honneurs de l'immortalité.

L'AUTOMNE.

J'AI dit au commencement de cet ouvrage que toutes les saisons étaient propres à l'étude , et qu'elles offraient au paysagiste des scènes également intéressantes ; mais c'est sur-tout en automne qu'il doit laisser reposer ses crayons , pour parcourir les campagnes la palette à la main.

Ce n'est qu'avec des couleurs qu'il peut s'emparer des beautés de la nature , qui dans cette saison se montre parée de ses plus riches ornements.

C'est dans ce moment si favorable à la peinture , qu'elle déploie cette variété , cette abondance de teintes différentes qui font le charme du paysagiste.

Malheur au cœur froid , au stérile génie qui ne se sent pas enflammé de la passion de l'étude dans ces moments précieux où la nature sentant approcher sa dépouille annuelle, semble vouloir faire les derniers efforts pour exciter d'autant plus nos regrets par les richesses qu'elle étale avec tant de somptuosité.

En effet, quelle variété de couleurs se trouvent réunies au même moment, le plus beau vert du printemps brille encore auprès du vert doré.

Le jaune étincelant le dispute au ton de roses et de saffran et à mille autres couleurs dont l'ensemble varie et enrichit le paysage.

L'azur des cieux, la blancheur éblouissante des nuages du matin, semble encore ajouter un nouvel éclat à la couleur forte et dorée de l'automne.

L'âpreté des verts tranchants du printemps, est adoucie et tempérée par la longue présence du soleil de l'été.

Les plus célèbres paysagistes ont formé leur manière habituelle et leurs études d'après les riches récoltes de cette saison, *le Giorgion*, *le Titien*, ces coloristes par excellence, *Claude le Lorrain*, *le Poussin*, *le Guaspre*, *Salvator Rosa*, *Herman Swane-velt*, *Berchem*, *Carle Dujardin*, *Ruis-daal*, *Both* d'Italie, *Jean Miel*, *Wouwer-mans*, *Moucheron* et une infinité d'autres habiles peintres ont souvent fait passer dans leurs immortels tableaux tous les charmes et toute la variété de l'automne, si propres à enflammer le génie du paysagiste.

Que de scènes diverses, que de sujets charmants et naïfs dans cette abondante saison ? Le peintre ami des scènes cham-pêtres, veut-il représenter une récolte de fruits, une vendange ? Combien ces tableaux n'offrent-ils pas de richesses, de couleur ? Combien d'épisodes et d'attitudes différentes? Quel ragoût dans la représention de tous les instruments, de tous les accessoires in-dispensables dans ces exploitations rurales? Les charriots chargés de fruits ; les vigne-rons courbés sous le poids des hottes remplies de raisins; que de moyens se présentent au peintre de paysages pour enrichir ses compositions et faire briller avec le plus grand éclat toutes les ressources de la palette!

Le peintre de paysages historiques s'empresse de tracer ses pensées. Une fête à Bacchus se prépare au son des cymbales et des clairons, des libations se répandent à grands flots sur l'autel du dieu du plaisir et du vin, les bacchantes au teint enluminé, les faunes, les satyres couronnés de pampres agitent leurs thyrses et forment mille danses différentes autour du dieu qui les anime. La joie, le désordre sont portés à l'excès, lorsque Silène le vieux nourricier de Bacchus, dont les jambes chancellent sous le poids énorme de son corps, arrive au milieu de la fête, soutenu par les faunes et environné d'une foule de jeunes gens qui l'ont tout barbouillé de mûres, et vient ajouter au fracas de cette

scène tumultueuse. *Le Poussin* est un des
peintres qui a le mieux entendu ces sortes
de compositions, sans sortir des bornes
d'une honnête décence. On sait assez quel
grand parti le savant *Annibal Carrache*
a su tirer aussi de ces belles pages de la
fable. Le célèbre *Lafage* dans ses dessins
pleins de sublimes pensées, s'est distingué
souvent par des compositions de bacchanales,
mais il y règne souvent une telle licence
qu'il serait d'un dangereux exemple de les
exécuter en peinture et de les proposer
pour modèles.

Cette courte digression m'a écarté pour
un moment de la suite des tableaux d'automne. Dans celui-ci, c'est Bacchus lui-
même, plein de fraîcheur et de jeunesse,
c'est le vainqueur de l'Inde qui, monté sur
la proue de son vaisseau dont l'aspect présente une forêt flottante sur la mer, s'avance
avec sa troupe joyeuse vers le rocher de
Naxos où Ariane abandonnée par son per-

fide amant, pleure ses malheurs et son in-
fortune. Le dieu du plaisir s'élance de
son vaisseau et s'empresse de consoler cette
amante délaissée : Ariane attendrie et sen-
sible aux caresses du dieu, laisse tomber
sur lui un regard languissant, elle consent,
pour suivre son nouvel amant, à quitter le rocher désert où l'abandonna si lâchement l'in-
grat Thésée; assise sur son char de triomphe,
déjà ses hautes destinées s'annoncent par
la couronne d'étoiles qui brille sur sa tête
et qui la place au nombre des constellations.

L'HIVER.

L'HIVER, cette saison glacée où la nature engourdie et plongée dans un sommeil léthargique semble ne rien promettre au paysagiste, a cependant paru plaire, et a fourni les sujets de fort jolis tableaux aux peintres accoutumés à vivre dans les pays glacés du nord de l'Europe, et couverts du deuil de la nature.

Les peintres de l'école hollandaise, plus long-temps témoins de ce long engourdissement, y ont puisé des sujets de tableaux pleins d'intérêt. Les galeries, les cabinets les plus célèbres sont ornés de représentations d'hiver.

Tantôt ils ont peint des scènes naïves et familières, puisées dans les habitudes des gens de la campagne; tantôt ce sont des rivières, des canaux glacés, couverts d'un nombre infini de patineurs, de traîneaux, c'est un jour de fête.

Si la variété de ce tableau plait et charme l'amateur, il ne goûte pas moins de plaisir à considérer la simple imitation de l'humble chaumière du paysan couverte de neige ainsi que les arbres qui l'environnent, quoique d'une teinte uniforme, mais où quelques figures chargées de bois et de bourrées égayent le silence de la nature. L'effet sombre et vaporeux du ciel ajoute encore à la blancheur de la neige qui n'est obscurcie que par la fumée des chaumières. Les deux frères *Ostade*, *Wouwermans* et *Teniers* se sont exercés avec succès dans la représentation de l'hiver.

Il faut que le paysagiste soit bien en garde contre la crudité des couleurs, et qu'il ne rejette pas ce défaut commun dans les ouvrages de quelques grands maîtres, sur l'exacte imitation de la nature, qui ne se présente qu'avec le vernis de l'harmonie.

Il est à remarquer que quelles que soient la force et la vigueur des tons qu'elle présente, il y a toujours pour l'œil de l'observateur exercé un passage insensible du fort au faible. Il existe un air ambiant entre l'œil et l'objet qui corrige l'âcreté des couleurs.

C'est cet air ambiant qui se fait sur-tout remarquer dans les beaux temps de l'été, par une espèce d'oscillation qui adoucit et qui répand une sorte de tendresse sur les objets à mesure qu'ils s'éloignent de l'œil, d'où naît cette douce harmonie, cette vapeur qui causent au peintre un plaisir qu'il est difficile d'exprimer.

Le peintre de paysages doit être bien persuadé que ses tableaux plairont d'autant plus qu'il aura trouvé l'art d'y semer beaucoup de variété, soit dans le choix des lignes, soit dans celui des diverses espèces d'arbres dont il doit parfaitement désigner le feuiller et les formes différentes.

C'est de ce contraste que dépend le succès du peintre qui doit observer sans cesse pour ne pas se laisser entraîner à la fastidieuse monotonie de certains artistes dont le feuiller est sans cesse le même par tout, jusques dans les derniers plans du tableau, quelle que soit la dégradation de la perspective aérienne.

Il est nécessaire qu'il s'attache de bonne heure à varier non seulement les formes des arbres, mais à donner à chaque espèce le caractère et la couleur qui lui conviennent et qui les fassent reconnaître au premier aperçu; c'est en quoi *le Poussin*, ce savant et judicieux observateur de la nature, s'est montré si supérieur.

Il est facile de remarquer que ce grand peintre lorsqu'il s'est livré au paysage, a affecté de placer chaque espèce d'arbres à l'endroit le plus convenable du tableau; il a eu soin de disposer dans les plans les plus éloignés les arbres dont le feuiller produit les plus grandes masses, et il a placé sur les autres plans jusque sur le devant de son tableau ceux dont les feuilles sont plus larges et de formes plus distinctes. *Claude le Lorrain* brille également par l'ordre où il a su les placer, et dans l'art de faire reconnaître chaque espèce particulière. Plusieurs autres grands paysagistes ont suivi le même systême, et ont laissé de savants et durables monuments de leur talent.

Je ne puis cesser de parler des arbres que la nature se plait à placer sous les yeux du paysagiste, sans l'engager, s'il est curieux de sa réputation et de captiver les suffrages des amateurs, à les étudier chacun en particulier pour se pénétrer de la forme, de la couleur de chaque tronc et de leur feuiller.

Beaucoup de peintres paysagistes, sans s'inquiéter de cette étude d'où dépend tout leur succès, se font une manière de feuiller de pratique qu'ils adaptent à tous les arbres, ce qui rend leur touche lourde, ou sèche et monotone : aussi est-il impossible de distinguer dans leurs tableaux un orme d'avec un saule, ni un chêne avec un tilleul; ils ne veulent pas observer que la nature leur apprend à connaître, même de fort loin, tous les arbres, par la différence de leur couleur ou de leur forme.

Pour parvenir à la véritable perfection, il faut bien étudier la nature, les diverses espèces de feuilles et la couleur qu'offrent les arbres vus à une certaine distance; remarquer si les masses en sont grandes ou serrées; de quelle manière elles forment des bouquets, et comment se termine la tête des arbres; chez les uns, comme le hêtre, le marronnier, en formes arrondies; chez les autres, comme l'orme, le chêne, le frêne, le platane, en formes plus aiguës et plus déliées. Le paysagiste ne doit pas être moins attentif à observer le vert des arbres depuis leur naissance au printemps jusqu'à leur accroissement en été, et leur décrépitude à la fin de l'automne.

Il ne doit pas porter moins d'attention à la forme des troncs d'arbres qui sont tantôt droits, tantôt tortus suivant les terrains où ils sont plantés.

Il faut bien observer qu'il existe autant de différence entre les troncs d'arbres qu'entre leur feuiller, et qu'ils offrent des formes plus belles ou plus pittoresques, tant par leur couleur locale que par les accidents qui les varient à l'infini. Ce qui doit sur-tout fixer l'attention du paysagiste, c'est de ne pas placer le feuiller d'un frêne sur le tronc d'un chêne ou d'un tilleul, ni celui d'un saule sur un orme; car chaque espèce de tronc a le feuiller qui lui est propre : observation que négligent un grand nombre de ceux qui s'adonnent au paysage.

Il faut aussi éviter avec grand soin de

ne pas découper sur le ciel d'une manière dure le feuiller des arbres ; l'étude de la nature et la réflexion nous apprennent que les extrémités des arbres, même les plus proches de la vue , se fondent avec le ciel , et y deviennent vagues et indécises ; cet effet est sur-tout bien plus remarquable encore dans les lointains où tous les objets vont se perdre et se fondre avec l'horison.

Le peintre du genre de paysage héroïque ne doit pas mettre moins d'attention à ne placer dans ses scènes historiques que les espèces d'arbres propres au pays où il place son sujet ; mais je le suppose assez instruit par la lecture des auteurs pour ne pas tomber en de semblables fautes ; car rien de plus ridicule que de voir une fuite en Egypte, placée dans un paysage moderne et couverte de chaumières , défaut qui se remarque souvent dans les paysages des peintres de l'école flamande et hollandaise.

La présence du soleil est de nécessité absolue pour la beauté du paysage, à moins qu'il ne soit question de représenter de grands effets de pluie , ou des orages ; hors ces cas particuliers , le soleil est l'ame du paysage. C'est le soleil qui prodigue et assigne à tous les objets cette couleur brillante et lumineuse qui donne tant de charmes à la peinture , et qui décide la forme exacte de l'ombre et de la lumière sans lesquelles un tableau ne peut produire aucun effet.

Le paysagiste doit bien observer que tous les objets que lui présente la nature ont une teinte transparente et semblable à l'émail, qu'ils ne doivent être peints qu'avec beaucoup de légèreté et sans être peinés par un travail difficile : il faut éviter d'employer des couleurs lourdes et opaques dans les ombres , et sur-tout bien se garder de tout ce qui sent la pesanteur , la froideur et la peine.

7

Le ciel et l'eau veulent être traités par une main facile et intelligente , qui sache bien en combiner les formes et la couleur; rien de plus désagréable que de fatiguer et de revenir plusieurs fois sur ces deux belles parties du paysage qui en sont l'ame pour ainsi dire.

Les terrains divers, les pierres, les marbres , les écorces d'arbres demandent à être traités d'une manière transparente et fine; les écorces d'arbres sur-tout ont je ne sais quoi de léger et de brillant qu'il est impossible de bien imiter sans glacis , je suppose même qu'il faille empâter par-dessus certaines parties , lorsqu'elles sont frappées des rayons du soleil , ou couvertes de diverses couches de mousses de couleurs claires.

L'observation de la nature peut seule indiquer au peintre ce qu'il est plus aisé de sentir soi-même par la pratique, que de faire entendre ; c'est dans l'habitude de la voir, de la consulter, que l'on prend de grandes leçons, la manière de rendre chaque objet, et la touche qui lui est propre.

Je le répète encore, malheur aux peintres négligents qui, se laissant aller à un travail d'habitude et journalier, n'ont qu'une seule et même touche propre pour toutes les parties de leur tableau, et qui ne font sans cesse que se répéter. Ce n'est plus alors qu'un métier, ce n'est plus qu'une fabrique de tableaux.

LES ARBRES.

Il est à remarquer que vers le milieu de l'automne quelques arbres commencent à perdre de leurs feuilles, et laissent apercevoir déjà une grande partie de leur bois, je dirais presque de leur ostéologie ; ce qui produit un assez bon effet sur la masse des autres arbres qui ont conservé leur feuillage intact.

A cette époque, les chênes, les ormes sont encore d'un beau vert, tandis que les hêtres commencent à se revêtir d'une teinte jaunâtre et couleur de feuille morte. Diverses espèces d'arbres, tels que les peupliers, les tilleuls ne présentent plus dans leurs rameaux dépouillés qu'un long assemblage de branches fines qui vues de loin ressemblent un peu à des plumes.

Les bouleaux aux feuilles jaunissantes, se

détachent en clair sur les grandes masses des forêts.

Leur écorce légère , tantôt blanche et éblouissante comme l'argent, tantôt de couleur de chair, ou souvent d'un jaune vif et doré, a tout le poli du métal le plus brillant.

Ce n'est qu'avec des glacis que le peintre pourra parvenir à rendre toute la finesse , la légèreté et la transparence de ces diverses écorces , dont quelques-unes offrent l'image de la plus brillante peau de serpent.

L'écorce blanche et lisse du hêtre , souvent traversée par de longues taches grises et noires, est couverte par plusieurs espèces de mousses jaunes et blanchâtres qui se mêlent à une autre espèce de mousse du plus beau vert, laquelle prenant naissance vers sa base se prolonge le long de son tronc, et produit sur cet arbre les effets les plus pittoresques et les plus brillants.

Le chêne arrivé à un grand accroissement offre un feuiller de forme très-pi-
quante. Rien de plus pittoresque que ce
géant des forêts , dont l'aspect imposant
plait toujours à l'œil, et qui veut être peint
avec beaucoup d'esprit et de tact. L'écorce
du chêne a quelque chose d'âpre au premier aperçu, tantôt de couleur grise foncée,
d'un ton vineux, ou brun fort suivant les
différents terrains sur lequel cet arbre est
planté. Son écorce sillonnée du haut en
bas en forme de cordes enlacées , lui
donne un caractère heurté et rude au
toucher, et le fait différer des autres arbres :
assez souvent une mousse blanche très-
claire vient égayer la couleur triste de
son écorce , et elle se prolonge chez beaucoup d'individus dans toute l'étendue des
branches qui, peu semblables à celles des
autres arbres , sont presque toujours bizar-
rement fourchues et tortueuses. C'est ce
que *Berchem* , *Both* d'Italie , *Everdingen*

et *Pinaker* ont merveilleusement rendu dans leurs tableaux charmants et pleins d'esprit ; en France *le Prince* ne les a pas peints avec moins de talent , on peut même dire que c'est une des parties où il a triomphé.

Le platane dont les feuilles larges et épaisses ont quelque ressemblance avec celles du sycomore, qui sont cependant plus légères , est encore un des arbres les plus pittoresques. Son feuiller, d'un vert brillant, devient vers l'automne, partie jaune, partie d'un rouge vif couleur de feu , ce qui donne à cet arbre beaucoup d'éclat. Rien n'est plus piquant et plus transparent que ses feuilles éclairées en dessous exposées à la lumière du soleil ; elles prennent alors un ton d'un vert jaunâtre, d'une transparence admirable. Cet arbre est des plus propres au paysage , à cause des formes variées qu'il présente en tous sens.

J'ai remarqué jusqu'ici dans les ouvrages des peintres français, un exemple frappant de ce que je viens d'annoncer de l'effet du platane éclairé en-dessous par l'effet du coucher du soleil, c'est dans un tableau peint par un amateur (1) des beaux arts, qui a pris une place très-distinguée parmi les artistes de nos jours. Son paysage exposé au salon de 1810, représentait une maison de campagne aux environs de Rome, où sur le haut d'un perron, Horace lisait ses odes à Mécènes. Ce tableau peint avec tout l'esprit possible et du plus beau ton de couleur, attirait tout les regards et devait obtenir les suffrages de tous les hommes de goût. Jamais le caractère distinctif du platane ne fut rendu avec plus de vérité et d'esprit. L'écorce du platane est d'un blanc gris, il la perd périodiquement et elle se détache du tronc en grands mor-

____

(1) M. *de Turpin*.

ceaux de diverses formes ; alors la nouvelle peau qui se découvre à la chute de l'écorce, est d'un vert lisse et quelquefois de couleur jaunâtre.

Les troncs de tous les arbres sont assez ordinairement de couleur grise plus ou moins foncée, souvent mêlée d'un ton vineux ou violâtre qui en adoucit l'âpreté. Les diverses mousses et les plantes parasites qui les enlacent et qui les couvrent en tous sens, y apportent une diversité de formes et de couleur très-agréables.

Le châtaignier et le marronnier d'Inde forment les plus belles masses de feuilles. L'écorce de ces arbres est brune ou d'un gris blanchâtre par l'effet des mousses qui s'y attachent. Ils ont été chéris particulièrement par de très-habiles peintres de paysages ; on les voit souvent paraître dans les savants tableaux du *Poussin* et du *Lorrain*.

Le feuiller de l'acacia d'un vert très-brillant, tombant en forme de plumes, se détache merveilleusement sur des arbres plus rembrunis. Ce joli arbre produit à certaine distance des masses légères, son aspect est pittoresque.

Le noyer d'un feuiller large et d'un beau vert peut être employé avec succès dans les groupes d'arbres d'une haute proportion ; son ensemble est grand et majestueux.

Le frêne doit occuper une place honorable dans les tableaux de paysages, il veut être associé aux très-grandes masses d'arbres, adossé et mêlé avec les chênes et les hêtres, sur-tout dans les parties les plus éclairées du tableau, à cause de sa belle couleur d'un vert clair et de la légèreté de son feuiller. Il est à remarquer que ses feuilles, disposées en forme de main ou d'éventail, se présentent en descendant, dans l'état de calme, et ne changent de forme que lorsqu'elles sont agitées par le vent.

Les arbres sombres et toujours verts, tels que le sapin, les mélèzes, les cèdres, les cyprès, les ifs, veulent être placés sur les rochers où ils semblent se complaire et où ils produisent un bon effet, par l'opposition de leur couleur forte et rembrunie avec la blancheur et les tons dorés de la pierre.

Everdingen est un des paysagistes qui a su employer les sapins avec le plus de succès dans ses tableaux admirables où il a peint des chutes d'eau.

On aime à voir dans les lieux frais et humides s'abaisser le saule pleureur et se peindre dans le cristal des eaux ; cet arbre se plait à couvrir de son ombre hospitalière, l'urne de l'amour et de l'amitié, les restes d'un époux, d'une épouse, ou de l'enfant doux gage de leur hyménée.

La présence du saule pleureur inspire naturellement la mélancolie , son feuiller souple et léger se détache merveilleusement sur les masses qui l'environnent et lui servent de fonds.

Divers arbres dont les écorces sont pour

l'ordinaire d'une couleur tendre, paraissent très-bruns et d'un vert sombre et noir lorsque plantés dans des lieux humides, ils se couvrent bientôt d'une mousse noirâtre. Presque tous deviennent ligneux et raboteux ; le lierre parasite (image de ces êtres qui sans cesse s'attachent à nos pas avec l'air de l'amitié, dont ils n'ont que l'apparence,) s'accroche avec ténacité à leur tronc et les serre jusqu'à la cime.

Rien de plus riche cependant que ces nouveaux ornements d'un beau vert, qui offrent au peintre le moyen de varier ses jouissances et l'effet de ses tableaux. *Le Lorrain* et *Herman* d'Italie n'ont pas négligé d'en enrichir leurs admirables productions.

Les arbustes, les buissons de toutes les formes, de toutes les couleurs, contribuent aussi à donner au paysage cette richesse, cette abondance qui contrastent avec la sécheresse et la stérilité de certains tableaux

maigres où l'herbe croît à peine et dans
lesquels le peintre a craint de faire paraître
des arbres.

S'il est nécessaire de découvrir en certaines occasions les branches des arbres,
il ne faut pas trop en multiplier la présence dans les grandes compositions où
l'on doit voir autant qu'il est possible de
belles masses ; cette remarque s'étend
particulièrement au genre héroïque. C'est
sur-tout sur les premiers plans qu'il est
nécessaire de faire briller les détails, lesquels deviennent presque inutiles dans les
autres plans, et à mesure qu'ils s'éloignent de l'œil. Combien de peintres sont
tombés dans cette faute, pour avoir voulu
trop finir et entrer dans des détails minutieux.

La nature vue à différentes distances
donne d'excellentes leçons à celui qui veut
l'observer avec attention.

Les arbres dont les feuilles sont d'une

grande proportion , tels que le figuier , le catalpa , le platane , le sycomore et autres de cette espèce , doivent trouver leur place et briller sur les premiers plans du tableau , parce qu'il est plus aisé d'en accuser les détails.

Est-il rien de plus pittoresque que de voir ces arbres placés près d'un grand monument et groupés près des ruines d'édifices antiques, avec lesquelles ils se lient toujours majestueusement.

Viennent ensuite les plantes à feuilles larges, rampantes, ou formant buisson , lesquelles produisent un bon effet sur les devants du tableau, et dont la variété et les détails enrichissent les terrasses (1).

(1) On appelle terrasse en peinture , les chemins , les diverses portions de terre , ce qui s'entend bien différemment d'une partie élevée de jardin, qui est l'ouvrage de la main de l'homme , et que l'on appelle terrasse. Ce mot est encore employé dans l'art de fortifier les places de guerre.

La grande consoude aux feuilles larges en forme d'acanthe, les diverses espèces de chardons, les roses-trémières, les molaines et les touffes de guimauve à la feuille grise et veloutée, toutes ces plantes auxquelles la nature a assigné des couleurs et des verts si différents, ne sont pas moins admirables dans les détails, placées sur le devant du tableau. Peignez-vous des lieux aquatiques, des fonds de forêts, des lacs, des rivières, des ruisseaux d'eau vive et courante? N'oubliez pas la large feuille du nénuphar élevant sa tête à la surface de l'eau, les roseaux de diverses formes, les iris, les joncs de toute espèce qui se reproduisent avec autant d'abondance que de variété dans les lieux humides, et qui ne plaisent qu'autant qu'ils sont exécutés par une main prompte et avec une touche fine et spirituelle. Croyez que rien n'est plus désagréable à l'œil et plus insipide que ces objets traités d'une manière lourde et fatiguée.

Les pierres, les divers cailloux placés à propos mais comme par hasard, concourent souvent à faire briller un tapis de verdure. Il faut les placer en plus grande quantité, lorsqu'ils sont plus près des rochers ou des terrains exposés à la dégradation des pluies ou des torrents.

C'est toujours avec modération qu'il faut employer cette ressource, qui, quoique pittoresque, conduit naturellement à des détails trop arides, souvent minutieux ; on sait que le trop est voisin du pire.

Une des choses qui doit fixer particulièrement l'attention du paysagiste, c'est la diversité des tons de couleur, lorsqu'ils sont animés par la lumière du soleil, suivant l'heure du jour et les saisons, leur couleur naturelle ou éclairée, et celle qu'ils conservent dans l'ombre.

Il faut remarquer sur-tout cette variété infinie de couleurs, et le passage continuel du jaune au gris, du rouge, des bruns au blanc. A peine trouve-t-on sur la palette la richesse immense de tons que présentent les bizarreries de la nature.

Est-il rien de plus imposant, de plus riche en tons de couleurs que l'aspect de ces vastes ravins creusés par le temps et qui devenus des antres profonds servent de retraite aux animaux sauvages qui évitent la présence de l'homme.

Il est rare de ne pas éprouver une sorte de terreur secrète lorsqu'on y pénètre pour la première fois.

C'est dans ces vestiges de la nature bouleversée, où les diverses couches de pierres et de terres sont à nu, que le peintre découvre une foule de détails et une infinité de tons de couleurs plus riches les uns que les autres, et les effets les plus pittoresques. Des arbres à demi-rompus, dont les racines découvertes par le passage des eaux ont formé d'autres troncs d'arbres qui paraissent ne plus appartenir à la terre qui les nourrit , menacés sans cesse d'une chute prochaine , ils résistent depuis long-tems aux torrents qui les traversent, les ébranlent et qui les entraîneront un jour.

Des ronces épaissies par les années, des lianes dont les nouvelles pousses s'abaissent chaque printemps sur les débris des anciennes , tapissent tristement ces lieux sauvages où la présence du soleil produit par d'heureux hasards les effets les plus piquants.

Comme ce tableau s'anime lorsqu'après un grand orage , les eaux arrivant en abondance , se précipitent par toutes les ouvertures de ce ténébreux réduit avec un bruit semblable à celui de l'Océan en courroux , et entraînent dans leur chute rapide des masses de terre et de rochers qui tombent et se brisent au fond de ces gouffres , dont elles augmentent chaque année la profondeur.

Ainsi la nature se plait à donner au peintre , par son intarissable variété , de grandes leçons pour qu'il évite la monoto-

nie qui refroidit le génie et qui attiédit les
conceptions des arts.

DES ROCHERS, DES MONTAGNES ET DES EAUX.

LES rochers et les montagnes forment
une des parties des plus intéressantes du
paysage.

Il est rare de ne pas rencontrer ces masses
imposantes, soit dans les points de vue
dessinés d'après nature, soit dans les tableaux composés ou dans ceux du style héroïque dont elles sont parties intégrantes,
et auxquels elles ajoutent un grand intérêt.

Le peintre de paysages jaloux de sa gloire,
doit s'attacher à les imiter tels que la nature
les lui présente avec leurs formes bizarres,
sans les défigurer, ni les broder, comme cela
ne se remarque que trop souvent dans beau-

coup de tableaux où les montagnes et les rochers ne sont que le produit d'une imagination déréglée, ce qui conduit au mauvais goût et dégénère en manière.

Les rochers sont de formes diverses suivant les lieux où la nature les a placés. Ceux qui servent de limites à la vaste étendue des mers, varient suivants les climats; ils se dessinent d'une manière plus pittoresque, par les accidents qu'ils éprouvent, soit par le mouvement habituel des vagues qui les minent peu à peu, soit par les ouragans et la chute des eaux qui y causent de fréquents et terribles éboulements.

Les rochers qui servent d'enceinte aux eaux de la Méditerranée ont plus de grandeur et de majesté. Leurs formes sont bizarres et pittoresques, et par conséquent plus propres à briller en peinture, sur-tout par l'émail varié des couleurs, avantage que n'offrent point les côtes de l'Océan, qui sont en général d'un ton grisâtre, blanc, jaune clair

et assez souvent mêlées de couleur de rouille
par la chute et l'éboulement des terres argil-
leuses qui les couvrent vers leur sommet.
Les Alpes, les Pyrénées, ces colosses immenses formés de couches de terres colorées
et de divers granits, offrent à l'observateur
une richesse de tons de couleurs sans nombre : aussi c'est la mine féconde que doit
exploiter le paysagiste.

C'est en les parcourant qu'il découvrira
à chaque pas de nouvelles merveilles, qu'il
prendra de grandes leçons d'effet et de couleur, et qu'il agrandira le domaine de son
génie. La vérité doit guider le paysagiste
dans ces études; je le répète, il faut qu'il
en dessine les formes telles qu'elles s'offrent
à ses yeux; qu'il soit sur-tout attentif à saisir
les effets produits par les rayons du soleil;
qu'il observe la richesse de couleur qu'aug-
mente la présence de cet astre dont la
lumière embellit et vivifie toute la nature.

L'intérieur des rochers par des causes

naturelles ou par une longue suite du travail de l'homme, récèle des cavernes profondes souvent abandonnées depuis une
longue suite de siècles. L'amour de l'art et
de la science y conduit naturellement l'artiste observateur qu'aucune crainte vulgaire
ne peut arrêter, il y pénètre avec ce courage héroïque qui ne connaît point d'obstacles. Que de sujets d'admiration ne trouve-
t-il pas à mesure qu'il pénètre sous ces voûtes
profondes où des percées laissent quelquefois pénétrer de très-haut la lumière du
soleil ! Quels effets piquants ne produisent
pas les rayons de cet astre lumineux par
les divers accidents de ces voûtes inégales
dont les arcs se brisent en tous sens et
auxquels cette clarté subite prête des formes
plus variées et plus singulières! La lumière
perce et disparaît tour à tour et se joue dans
ces voûtes fracassées auxquelles le temps
et les divers éléments ont imprimé des formes
aussi bizarres que terribles. Des longues

herbes de toutes espèces, des arbres tortueux pénètrent et percent dans ces réduits
obscurs par les brisures des rochers et
semblent vouloir par leur verdure diminuer
l'horreur et l'âpreté de ces lieux sauvages.

Il est assez ordinaire de voir des eaux limpides couler à travers les débris des rochers
et produire un léger murmure qui se pro-
page et se répète sous ces voûtes mal assurées.

De paisibles troupeaux viennent y chercher le frais pendant les ardeurs brûlantes
de l'été, et par leurs longs mugissements
rompent le silence de ces retraites soli-
taires.

Que de tableaux, quelle foule d'images
pour le génie du paysagiste !

Les plus habiles peintres de paysages ont
su tirer un grand parti des rochers et des
cavernes dont ils ont fait d'admirables tableaux. *Paul Bril, Bartholomée Bréemberg,
le Lorrain, Herman* d'Italie, *Salvator
Rosa, Vernet* et beaucoup d'autres nous

ont laissé en ce genre des preuves incontestables de leur talent.

Il est cependant peu d'objets dans la nature qui aient été aussi souvent défigurés en peinture que les rochers. Beaucoup de peintres les ont peints à leur guise, et ne suivant que leur caprice, leur ont assigné des formes et des couleurs purement de convention.

Si plusieurs peintres se sont laissé entraîner à cette routine perfide et dangereuse, combien aussi en peut-on citer qui les ont rendus avec grandeur, avec noblesse, avec la vérité de la nature, et dont les noms célèbres enrichissent les annales des arts.

Les hautes montagnes tantôt couronnées de vastes forêts, tantôt couvertes d'un gazon aussi doux que le velours, offrent un pâturage agréable aux bêtes à laine qui les animent et en égayent la monotonie.

Les plateaux que la nature y a placés à diverses hauteurs pour offrir des lieux

de repos au voyageur, et de gras pâturages
aux troupeaux, sont souvent raffraîchis par
la présence d'un lac ou d'une source d'eau
pure qui après avoir serpenté en différents
sens va se précipiter en cascade dans la
profondeur des vallées.

C'est ainsi que la nature riche et variée
dans ses productions offre sans cesse à l'observateur et au peintre, des plaisirs purs,
sans mélange d'amertume, qui loin de nuire
à la santé concourent à en assurer l'existence et à faire trouver le bonheur que
cherchent vainement les êtres insensibles
au charme des arts.

~~~~~~

Du ciel et de l'eau.

Les ciels veulent être traités par une main sûre, légère et facile, qui sache les exécuter avec la rapidité de la pensée et avec le moins de travail possible. Cette partie si intéressante du paysage doit être peinte presque au premier coup.

Il est rare en revenant plusieurs fois sur un ciel de ne pas en appesantir et la couleur et la forme des nuages. Le plus beau tableau de paysage dont le ciel serait exécuté avec peine et dans lequel on apercevrait trop de travail, perdrait beaucoup de son mérite aux yeux du véritable connaisseur.

Avec quel plaisir on admire les beaux ciels de *Berchem*, de *Carle Dujardin*, de *Both* d'Italie, dont les nuages légers et de belles formes semblent poussés au gré des vents. Quelle douce illusion n'excitent
~~~~~~

pas ces peintres en possession de rendre avec autant d'art que de franchise cette belle partie du paysage.

Parmi les modernes on doit citer comme de véritables modèles en cette partie , *Vernet* , *Dyétrici* , *Loutherbourg* , *Fragonard* , *le Prince* et plusieurs autres dont le pinceau habile a répandu tant de charmes dans leurs intéressants tableaux.

Les ciels ne peuvent plaire qu'autant qu'ils sont légers et transparents comme l'air qu'ils représentent. La forme des nuages doit se faire avec choix , avec goût ; le soir, le matin sont les moments les plus favorables pour étudier les beaux effets du ciel. C'est sur-tout après les violents orages que se forment ordinairement ces plus beaux accidents et que les nuages prennent des formes plus pittoresques.

Les ciels doivent être essentiellement vaporeux et peu chargés de couleur , d'un travail simple que l'œil n'aperçoive qu'à peine.

Il faut les ébaucher légèrement, les fonds d'impression blanche sont les plus propres pour obtenir cette légèreté, cette transparence de couleur et ce charme que l'on doit désirer.

Il faut autant que possible employer l'outremer dans la confection des ciels, cette couleur est la seule propre à imiter le vrai ton de la nature, elle a l'avantage de ne jamais s'altérer; toutes les autres couleurs, telles que le bleu de Prusse et autres changent beaucoup avec le temps et ne peuvent jamais produire la belle transparence du ciel.

Il faut bien se garder d'employer aucunes couleurs lourdes ou terreuses dans l'exécution des ciels, quelque bruns et orageux qu'on les suppose. Que toujours les couleurs légères et diaphanes de votre palette servent à former les teintes des ciels.

La pratique de bien peindre cette belle partie de la peinture, n'est donnée qu'à un très-petit nombre d'hommes ; et il est aisé de se convaincre de cette vérité, en examinant avec attention les divers tableaux qui composent une galerie ou un cabinet.

C'est là qu'il est facile de reconnaître les peintres qui ont reçu en naissant cette exécution facile tellement nécessaire pour bien peindre les ciels : au surplus c'est en observant les tableaux des maîtres qui se sont le plus distingués dans cette partie, c'est sur-tout en consultant la nature , en saisissant avec discernement et avec goût les beaux effets du ciel , que le peintre peut parvenir à plaire.

Il faut bien se pénétrer de la distance extrême qu'il y a de la lumière du ciel à tous les objets terrestres, quelle que soit la force de la lumière , c'est une observation dont le peintre ne doit jamais s'écarter.

Il est bien difficile de parler des ciels , sans s'arrêter également sur les effets de l'eau qui, n'ayant de couleur que celle qu'elle emprunte du ciel, doit être peinte avec la même légèreté.

Les eaux sont le miroir de tous les objets qui les environnent, dans lesquelles leurs reflets forment un double tableau. L'étude et l'observation seules peuvent apprendre au peintre la belle manière de rendre ces divers objets qui contribuent à donner aux eaux cette transparence, cette légèreté, sans lesquelles on manque le but qu'on s'est proposé, qui est la véritable imitation de la nature.

Si j'ai dit qu'il fallait une grande légèreté de main pour peindre le ciel, quelle adresse ne faut-il pas aussi pour imiter l'effet des eaux, soit qu'elles coulent paisiblement, soit qu'agitées par l'aquilon, elles élèvent leurs vagues écumantes en forme de montagnes, ou qu'elles se précipitent en cascades du haut des monts escarpés pour tomber en gros bouillons à travers une vapeur humide et semblable à la poussière.

Le peintre doit s'attacher à bien préparer ses dessous pour placer avec finesse les touches brillantes de lumière émanée du soleil, si nécessaires pour donner à l'eau cette transparence qui, lorsqu'elle est tourmentée au contraire par une main lourde et inhabile, ne produit que des eaux opaques et terreuses.

Quel spectacle plus piquant que les eaux vues au coucher du soleil, lorsque s'emparant tout à coup de la couleur dorée ou violâtre de cet astre brûlant, elles paraissent un fleuve de feu, ainsi que les montagnes, et tous les objets d'alentour ! Ces effets admirables qui s'évanouissent et se dissipent presqu'aussi-tôt, doivent être saisis promptement. C'est au reste à la mémoire du peintre observateur et habitué à consulter la nature, à lui retracer cet accord de tons, de lumière et cette douce harmonie qui fait le charme de la peinture.

Nous venons de parcourir l'histoire et la théorie du paysage ; nous avons vu quels délices et quel charme l'exercice de cette belle partie de la peinture procure à ceux qui s'y adonnent avec cet instinct naturel et ce sentiment qui nous entraînent vers l'étude des beaux arts.

Après nous être occupés des divisions du paysage et avoir assigné le mode qui les caractérise chacune en particulier ; après avoir fait connaître aux amateurs les grands maîtres qui se sont distingués dans chaque genre , il est absolument nécessaire de passer à la pratique , et de leur indiquer les divers procédés usités et adoptés jusqu'ici pour peindre le paysage avec succès.

J'ai cru qu'il était indispensable , après avoir traité de l'historique et de la théorie du paysage, de terminer cet essai par des leçons pratiques , sur-tout pour les amateurs auxquels je l'ai destiné spécialement.

J'ai fait ensorte de ne négliger aucuns des détails propres à leur applanir les dif- ficultés qui peuvent les arrêter. Je parle sur-tout pour ceux qui , loin du secours des maîtres, isolés dans les campagnes situées à une longue distance des grandes villes , sont obligés d'étudier par eux-mê- mes et d'après leurs propres observations sur la nature.

Il y a dans cette dernière partie quel- ques détails qui paraîtront peut-être minu- tieux à ceux qui ont l'habitude de la pra- tique, mais qui ne peuvent être que de la plus grande utilité pour les amateurs qui ne sont pas à portée de recevoir des leçons , et de se procurer commodément les choses les plus utiles.

Je me suis fait une loi d'être le plus simple et le plus intelligible possible pour les personnes mêmes qui n'auraient que le pur sentiment des beaux arts sans s'y être livrées.

Diverses manières de dessiner et de peindre le Paysage.

1°. Aux divers crayons ;

2°. Au lavis, soit à l'encre de la Chine, soit au bistre ou à la sépia ;

3°. A l'aquarel ou avec des eaux colorées ;

4°. A la gouache, du mot italien *guazza* ;

5°. A la détrempe avec la colle ;

6°. A l'huile ;

7°. Au pastel.

———

L'étude du Dessin.

On dessine soit à la pierre d'Italie, soit à la pierre noire, dite salée, à la mine de plomb ou au crayon, noirs ordinaires sur le papier blanc. Plusieurs habiles paysagistes ont fait ainsi leurs études d'après

nature, en se contentant de passer ensuite
un léger lavis d'encre de la Chine ou de
bistre sur ces études au crayon ; cette manière large et expéditive convient parfaitement à ceux qui ont acquis une longue
habitude de saisir la nature sur le fait.
Ceux qui sont moins avancés dans la pratique doivent terminer avec soin leurs études au crayon, et se servir de l'estompe
pour finir et donner plus d'harmonie à leurs
dessins. Il est une autre manière de dessiner aux deux crayons sur papier bleu ou
de couleur, en employant le crayon noir et
blanc. Ce genre de dessin, fort expéditif,
rend très-promptement les véritables effets
de la lumière et de l'ombre ; et cette manière
de faire ses études d'après nature, se rapproche plus de la peinture que les précé-
dentes.

Le Lavis.

Le dessin au lavis se fait ordinairement ou sur un trait de plume fort léger, ou sur le crayon, avec l'encre de la Chine ou toute autre couleur en lavis. Il faut avoir soin de se servir pour cet effet de papier d'Hollande ou de vélin bien collé.

Ce genre de dessin veut être traité facilement. Il faut sur-tout éviter de laisser sécher les teintes que l'on applique sans les fondre, en les étendant avec un pinceau propre, un peu gros et fourni, et faisant sur-tout la pointe. On met ordinairement à la même ante ou manche deux pinceaux, dont un toujours imbibé d'eau sert à fondre. On peut se servir d'un pinceau plus fin et plus délié pour terminer et toucher les objets les plus pétits ; au surplus, tout cela tient à la pratique et à l'habitude du dessinateur.

On aura soin, avant de procéder au lavis, de bien étendre une feuille de papier sur un panneau très-lisse, en appliquant de la colle de farine seulement sur les bords du papier, de la largeur d'un demi-pouce, ayant eu auparavant la précaution de le mouiller des deux côtés avec une éponge propre. On épure ensuite cette feuille entre deux feuilles de papier gris épais qui étanchent l'eau, après quoi on étend sa feuille collée, comme je l'ai dit, tout autour sur la planche ou panneau fait exprès pour coller les dessins. On aura soin de passer le pouce en l'appuyant fortement sur les bords pour s'assurer que le papier est bien collé et adhérent au panneau ; on le laissera sécher sans l'exposer au feu ni à un soleil trop vif et qui pourrait le faire détacher en quelques endroits.

On doit être sûr qu'en le laissant sécher naturellement, il se tendra comme un tambour et sera propre à recevoir une seconde feuille de papier que l'on collera en plein après l'avoir également mouillée, si l'on veut donner plus de solidité au dessin qui doit être collé ensuite sur le fond préparé pour le recevoir. On pourra, si l'on veut, coucher tout simplement son dessin sur la première feuille, en se servant du même procédé que je viens d'indiquer, c'est-à-dire en le couvrant en entier de colle et l'étendant également sur le papier déjà collé, il faut le couvrir d'une feuille de papier propre pour pouvoir, sans rien effacer, promener sa main sur la totalité en tous sens pour l'étendre parfaitement et n'y laisser aucuns vents. Quand le dessin sera bien sec, ce sera le moment de le terminer au lavis; car sans cette précaution de le coller auparavant, on courrait le risque de voir goder son papier, sur-tout si l'on étendait le lavis en grandes parties.

Le même procédé s'emploie pour les dessins, soit à l'aquarel, soit à la gouache.

Lorsque le tout est terminé, on enlève le dessin de dessus le panneau en le coupant avec la pointe d'un canif appuyé sur une règle pour l'enlever droit : les bords seuls de la première feuille collée restent adhérents au panneau.

————

L'Aquarel.

L'aquarel se fait ainsi que le lavis simple dont je viens de tracer les règles, à l'exception qu'après l'avoir légèrement ébauché, soit à l'encre de la Chine, soit à la sépia, ce qui vaut mieux selon moi, ce ton produisant plus de douceur et d'harmonie, l'on colore ensuite avec les couleurs en tablettes, dont on trouve des boîtes toutes garnies chez les marchands de couleurs ou de papier à dessin.

Robert, Pérignon, Fragonard, le Prince nous ont laissé des modèles excellents dans le genre de l'aquarel. On a depuis cherché à le porter presque à la force de la peinture , en doublant et augmentant les tons qui n'étaient annoncés que légèrement dans les études des peintres que je viens de citer.

Quelques autres artistes se sont contentés pour faire leurs études en ce genre, de ne passer que des teintes très-légères ; mais depuis quelques années on a tellement augmenté la force des couleurs que plusieurs de ces aquarels approchent de la force du tableau. Cette dernière pratique , beaucoup plus agréable que la première , demande aussi beaucoup plus de temps et de travail : on est forcé de repasser plusieurs fois avec les mêmes teintes jusqu'à ce que l'on ait acquis la vigueur désirée. La meilleure manière pour rendre son dessin plus brillant , est de repasser moins souvent et d'appliquer les teintes plus vigoureuses d'abord ; mais c'est à la pratique et à l'habitude de donner cette facilité que l'on n'acquiert qu'avec le temps. On recommande donc à ceux qui n'ont pas obtenu cette habitude, de commencer d'abord par des teintes très-légères, et d'augmenter insensiblement en repassant plusieurs fois et en observant sur-tout de ne pas remettre une teinte sur une autre, qu'elle ne soit parfaitement sèche ; ce qui produirait un travail mou et désagréable.

J'ai oublié d'avertir que pour tracer le trait du dessin avant de laver il faut se servir d'encre de la Chine, et non d'encre ordinaire qui souvent se délaie avec le lavis. Dans tous les cas, il faut tracer légèrement, de manière que le trait de plume semble disparaître lorsque le lavis est terminé. Plusieurs artistes ont souvent même préféré de commencer tout de suite sur un simple trait de crayon ; cette dernière pratique donne en général plus d'harmonie, mais il faut être bien sûr de son trait, et par conséquent avoir beaucoup d'habitude.

Les tablettes pour l'aquarel se délayent en petite quantité dans autant de petits pots plats ou soucoupes que l'on a soin de laver chaque fois, car on ne peut trop recommander de propreté dans cette manière de dessiner ; lorsque la couleur est restée propre et a séché dans les petits pots , on aura soin , avant de commencer , d'y mettre fort peu d'eau d'abord et de délayer la couleur avec le doigt ou avec un gros pinceau que l'on lavera chaque fois dans un verre d'eau , qui doit se renouveler souvent, et dans lequel on lave continuellement ses pinceaux. Il faut éviter que la couleur ne reste graveleuse dans les petits pots, ce qui arriverait indubitablement si on commençait par les noyer d'eau. En voici assez, je pense, sur l'article du lavis, et je passe à la manière de peindre à la gouache.

La Gouache.

La peinture à la gouache est la manière de peindre la plus usitée, après la peinture à l'huile : cette peinture, qui a de très-grands avantages pour étudier sur la nature, n'a malheureusement pas la durée de celle-ci ; mais elle est propre à la rendre avec une grande vérité, sur-tout dans les lumières où elle surpasse la peinture à l'huile : les bruns sont moins forts et n'ont pas le même éclat ni la même vigueur. La gouache est fragile, ses couleurs pâlissent et les lumières noircissent si elles restent exposées sans verre ou sans glace à de mauvaises odeurs dont la fétidité la salit sans retour.

Après avoir rendu compte des avantages et des désavantages de la peinture à la gouache, il faut convenir qu'il existe dans cette manière de peindre un charme inexplicable par la belle fraîcheur et la virginité des couleurs qui conservent leurs teintes naturelles, et qui dans la peinture à l'huile, au contraire, sont altérées, quelque pure que l'on emploie l'huile, elles perdent toujours en les broyant, leur ton naturel, défaut qui ne se rencontre pas dans la gouache.

Le temps qui détruit tout, me dira-t-on, exerce plus promptement ses ravages sur les tableaux à gouache, un verre peut se casser, on néglige de le remplacer et le tableau court rapidement vers sa ruine.

Celui qui se sent des dispositions pour cette brillante partie de l'art doit avoir apporté en naissant une grande prestesse de main, beaucoup de facilité à opérer. Il faut qu'il ait grand soin de ne pas se laisser entraîner à son abondante facilité et qu'il sache se tenir dans les bornes de l'imitation simple de la nature, car il y a tant d'exemples d'habiles peintres en ce genre qui pour avoir abusé de leur facilité, ont fini par donner dans la manière, par suite de l'habitude des tons, soit violâtres, soit bleus ou jaunes de convention, qui finit par discréditer leurs productions et les conduisent à la classe des éventaillistes. Mais l'artiste savant qui a su joindre une sage réflexion à sa facilité ne s'écarte jamais des vérités de la nature, et il sera toujours admiré des amis de l'art.

Les gouaches du *Guaspre Poussin*, offrent de grands modèles en ce genre de peinture, cet habile peintre formé sur la nature, et que la grande passion pour la chasse tenait toujours dans les campagnes, a fait passer dans ses gouaches toutes les variétés de l'atmosphère et des différentes heures du jour. Elles ont toute la vérité et presque toute la force des peintures à l'huile, tant il a su maîtriser ses teintes, il est sur-tout recommandable par son exactitude et son attention à ne jamais s'écarter des belles et grandes formes de la nature ; ses fonds sur-tout sont admirables par la vapeur aérienne qu'il a su y répandre.

Plusieurs peintres allemands et suisses parmi lesquels il ne faut pas oublier *Dyétrici*, *Guessner* ou *Gessener*, *Wagner* se sont distingués particulièrement dans ce genre de peinture, mais ils ont pris une toute autre route que le peintre romain, ils y ont mis beaucoup de brillant et de force de couleur ; leur touche fine, spirituelle et ferme, semble innée chez les peintres de cette école. *Wagner* a laissé une grande quantité de gouaches en petite proportion, qui sont touchées avec un esprit infini. Il a peint ses ciels avec un art admirable, sa coutume était de représenter les grands accidents de lumière que donne la nature le matin, le soir et après la fin des grands orages ; il a passé plusieurs années à Paris, où il a laissé beaucoup de témoignages de ses talents.

Un grand nombre d'artistes français se sont distingués dans ce genre de peinture. *Clérisseau* a peint à la gouache des grands paysages et sur-tout de magnifiques morceaux d'architecture traités d'un grand goût. *Pérignon* savant dessinateur de paysages, auquel on doit la majeure partie des vues du voyage de Suisse, n'a pas moins brillé dans la peinture à gouache. Ses dessins à l'aquarel qu'il a traités avec supériorité sont aussi très-recherchés des amateurs.

Houel a fait un immensité de grandes études en ce genre, pendant le long séjour qu'il a fait en Italie à deux reprises différentes, et a laissé des porte-feuilles très-curieux.

D'autres très-habiles peintres vivants se distinguent de nos jours dans le genre de la gouache. On admire aux diverses expositions leurs charmants tableaux ; mais on regrette que ces artistes n'emploient pas le même talent à peindre des tableaux à l'huile, dont la durée procurerait de plus longues jouissances aux siècles à venir.

On se sert pour peindre à la gouache, des mêmes couleurs que pour la peinture à l'huile, avec cette différence qu'on les emploie avec l'eau de gomme arabique ; il faut éviter que l'eau en soit trop chargée ce qui ferait écailler les couleurs et leur donnerait un ton terne ; au reste, la pratique et l'habitude donnent bientôt la mesure de ces détails.

Il faut faire broyer ses couleurs purement à l'eau et les conserver fraîchement dans autant de petits godets de verre ou de faïence, que l'on couvre d'eau sitôt que l'on cesse de peindre et on la verse le lendemain pour s'en servir. On mêle toutes les couleurs avec l'eau gommée sur une palette de fer blanc, que l'on a grand soin de tenir propre comme dans la peinture à l'huile.

On peint à la gouache sur du papier fort et bien collé, ou sur de la toile très-fine, im-

soient distribuées par une main savante et intelligente, car sans cela tout l'effet serait manqué.

On emploie pour la détrempe les mêmes couleurs qui servent à l'huile, à l'exception pourtant de quelques couleurs tirées du règne végétal.

L'Italie, où ce genre de peinture a pris naissance, a possédé les plus grands artistes en ce genre et a formé les meilleurs modèles. C'est le pays de la décoration, et elle y a été portée dans les fêtes publiques à un degré de grandiose extraordinaire. Il est cependant vrai de dire qu'en France ce genre est arrivé de nos jours à un point tel qu'il est presque impossible de pouvoir aller plus loin. Des peintres très-habiles en détrempe donnent chaque jour de nouvelles preuves de leurs talents sur nos théâtres et notamment sur celui du grand Opéra, où le prestige de la décoration surpasse toute attente, et je crois que l'Italie n'a plus rien à opposer à ce qui se fait en France.

La Peinture à l'huile.

On sait que depuis plusieurs siècles la peinture à l'huile a marché avec dignité avant toutes les autres manières de peindre le paysage, tant à cause de la beauté, de la force, de la vigueur des couleurs, que par sa solidité qui lui fait franchir plusieurs siècles.

La peinture à l'huile a sur-tout l'avantage de pouvoir être fondue avec plus de facilité en ce qu'elle sèche moins promptement et que l'on peut retoucher et glacer plusieurs fois, et de pouvoir être nettoyée après plusieurs siècles, au point de reprendre sa première fraîcheur sous des mains habiles.

Les couleurs que l'on emploie pour le paysage sont les mêmes, à quelques exception près, que pour les autres genres. Depuis quelque temps cependant la chimie a fait des découvertes utiles et sur-tout propres à ce genre de peinture, qui sont venues se placer avec beaucoup d'avantages sur la palette du paysagiste ; telles sont les divers jaunes de croms, le beau bleu de cobalt, le vert de chelles et quelques autres qui procurent des tons brillants inconnus jusqu'à nos jours. Ces diverses couleurs doivent être employées avec sagesse et discernement. La palette de la peinture pour le paysage se charge de même que pour les autres genres, en ayant soin de placer plus près du pouce ou du haut de la palette les couleurs claires, telles que les jaunes d'ocre, de Naples et le blanc de plomb, viennent ensuite le vermillon ou cinabre, le rouge brun, les rouges plus foncés, la laque, l'outremer, la terre de Sienne brûlée, les bleus, les verts, les noirs et la momie.

L'outremer est d'une nécessité absolue

dans le paysage , sur-tout pour peindre les ciels et les eaux avec la transparence de la nature ; cette couleur a entr'autres le grand avantage de ne jamais s'altérer.

La peinture à l'huile exige une grande propreté sur sa palette qu'il faut nettoyer tous les jours chaque fois qu'elle est plus ou moins barbouillée de teintes inutiles. On a soin d'enlever chaque soir les teintes vierges que l'on transporte sur une autre palette pour le lendemain , et on imbibe d'huile en entier celle que l'on quitte , après l'avoir bien essuyée.

Quelques artistes sont dans l'usage de relever leurs teintes pour le jour suivant et les conservent sur un morceau de verre que l'on couvre d'eau dans un vase plat.

Il est bon d'avertir que toutes les terres et les couleurs claires sèchent d'elles-mêmes , mais il est d'autres couleurs , telles que les laques , les noirs , les couleurs propres aux glacis comme la momie et les bithumes, qui ne peuvent jamais sécher sans huile sécative, dont il faut bien se garder de se servir dans les autres couleurs, ce qui les jaunirait et les ternirait. Cette huile séca- tive appelée faussement par les peintres huile grasse, se trouve chez les marchands de couleurs, il y a cependant plusieurs recettes pour la faire soi-même. Il faut dans tous les cas qu'elle soit claire, lim- pide et tirant sur la couleur de bierre foncée, et l'employer plus nouvelle possible.

Je recommande sur-tout d'en être très-économe, car plusieurs peintres dans le des- sein de faire sécher plus promptement leurs tableaux, en ont été les victimes et ont eu la douleur de les voir périr de leur vivant; ils ont noirci ou se sont gercés et perdus très-rapidement (1).

____

(1) Les tableaux de *Watteau* et de *Casanova* en offrent des exemples frappants.

On éprouve le même inconvénient en se pressant de vernir ses tableaux trop tôt, il faut les laisser sécher pendant plusieurs mois, car sans cela on éprouverait le même sort qu'avec l'huile grasse. Les exemples de ces dangers sont si fréquents qu'ils devraient corriger les peintres français trop pressés de jouir et de faire jouir promptement de leurs productions.

Ces observations sont d'un grand poids et veulent être méditées par ceux qui désireront voir leurs tableaux passer à la postérité. Les Flamands et les Hollandais dont les tableaux se sont conservés purs jusqu'à nous, se sont bien gardés d'employer trop de sécatif, ce qui prouve en cela leur sobriété et leur patience à laisser bien sécher leurs charmantes productions, qui cependant pour la plupart sont couvertes de glacis difficiles à sécher.

On ne peut trop recommander la pureté

des huiles que l'on emploie (1) , ainsi que la bonne impression des toiles sur lesquelles on peint, de même que les panneaux ou le cuivre qui s'emploient aussi fréquemment que les toiles. On trouve des toiles toutes préparées chez les marchands de couleurs, mais les peintres jaloux de bien finir leurs ouvrages, préfèrent de faire préparer leurs toiles eux-mêmes et de les faire tendre sur des chassis à clef , qui servent à étendre beaucoup mieux le tableau. On fait également préparer ses panneaux, pour lesquels on a soin de faire choisir du bois de chêne très-vieux, avec une ou plusieurs couches de blanc à dorer bien collé, que l'on fait poncer pour le rendre très-uni , et on peint ensuite.

Les panneaux préparés à la colle ont

____

(1) Les huiles propres à la peinture sont l'huile de lin , l'huile de noix et l'huile de pavot , qui est la plus blanche.

cet avantage de boire assez promptement l'huile des couleurs, et parconséquent de leur conserver plus de fraîcheur; mais ceux qui ne sont point accoutumés à peindre sur ces fonds, doivent être avertis que les teintes sèchent très-promptement et paraissent toujours ternes, ce qui ne doit pas les effrayer quand ils seront bien sûrs de les avoir faites très-fraîches sur leurs palettes, ainsi tout ceci n'est que l'effet de l'embu. On peut peindre avec facilité sur les panneaux à la colle et lorsque l'on est bien rempli de son sujet. Ces tableaux étant vernis ensuite produisent des tons bien plus transparents à cause de la présence du fond blanc qui perce toujours à travers les couleurs même les plus terreuses ou opaques; c'était ainsi qu'en usait *David Teniers*, dont la couleur est si transparente, et beaucoup d'autres peintres flamands.

La plupart des artistes français de nos jours qui peignent de petite proportion

ont aussi adopté cette manière d'opérer.
Les personnes qui ne seraient pas à portée
de se procurer des toiles toutes préparées
ne seront pas fâchées d'apprendre de quelle
manière elles se préparent.

On fait faire d'abord un chassis, la meilleure manière est de le faire construire à
clef, par la raison que j'en ai donnée plus haut.
On cloue sa toile et lorsqu'elle est bien ten-
due on passe ensuite dessus une couche de
colle de gants à froid, que l'on étend avec une
longue truelle de fer ou un large couteau.
On la laisse bien sécher, après quoi on y
passe la pierre ponce pour en faire disparaître tous les nœuds, on se sert ensuite
de la même truelle pour y passer au moins
deux couches de couleur l'une après l'autre,
la dernière couche se fait ordinairement
avec une teinte de gris blanc perlé : d'autres
peintres y préfèrent une teinte légèrement
couleur de chair jaunâtre, cette prépara-
tion leur paraissant plus agréable pour l'é-

bauche. *Vernet* avait l'habitude d'employer souvent des fonds de cette couleur, qui ont l'avantage, lorsqu'on est assez maître de son sujet pour peindre au premier coup, de produire des tons chauds et vigoureux qui font le meilleur effet.

Les fonds tous blancs employés par les Flamands et les Hollandais, ont paru pendant long-temps peu propres aux Français pour servir la rapidité de leur génie, en ce qu'il est difficile de sentir de suite le véritable effet des couleurs avant d'avoir couvert son tableau en entier, mais il est vrai de dire que l'on jouit après avec usure de sa patience.

Il faut avoir soin d'empâter très-peu ses ébauches sur les fonds blancs polis; lesquels sont bien plus avantageux au peintre assez maître de sa pensée pour exécuter au premier coup. Lorsqu'on se détermine à ébaucher d'abord, et c'est en général la méthode la plus suivie, il faut bien dessiner et arrêter son sujet, commencer ensuite par les ciels qu'il faut tenir toujours très-clairs, ébaucher avec des tons argentés et lumineux les lointains et toutes les parties fuyantes.

Quant aux premiers plans, si le peintre a l'intention de les tenir vigoureux, il doit y employer les couleurs les plus chaudes pour pouvoir y placer ensuite avec plus d'avantage ses glacis, c'est ce que l'on ne peut trop admirer dans les tableaux de l'école hollandaise et flamande. On sait que jusqu'ici les peintres de ces écoles ont été inimitables dans cette belle partie de la peinture. *Van Goyen*, *David Teniers*, *Ruisdaal*, *Paul Potter* et plusieurs autres en ont tiré un parti merveilleux.

Je ne dirai rien de la manière de finir sur son ébauche, j'observerai seulement qu'il faut attendre qu'elle soit parfaitement sèche avant de finir son tableau; et comme à l'ébauche il faut commencer par le ciel en passant ensuite aux lointains qui doivent être finis autant qu'il est possible de la même palette ou dans le même jour, car il serait dangereux d'y revenir plus tard, sans risquer d'être lourd.

Je ne puis trop recommander de peindre les ciels transparents, d'éviter de se servir des couleurs terreuses et opaques qui en absorberaient la lumière. Il faut arriver ensuite aux plans qui succèdent aux lointains et ainsi de suite jusqu'aux devants les plus forts et les plus vigoureux.

Lorsque le tableau est presque fini, c'est alors que l'ami de l'harmonie revient sur tout l'ouvrage, en augmentant les tons lumineux qui doivent dominer sur une partie principale du tableau par des touches larges, car il est de principe inviolable en peinture qu'il faut agrandir ses masses de lumière et répandre d'heureux et savants glacis sur les devants et dans les fortes ombres, pour produire de savantes oppositions.

Les grands paysagistes d'Italie , si l'on en excepte *le Titien* et *le Giorgion*, se sont moins servis de glacis que les peintres des écoles que j'ai citées auparavant; ils ont en général plus cherché à empâter et à toucher largement leurs paysages.

S'ils n'ont pas surpassé les premiers pour la couleur , ils sont bien audessus d'eux par le grand style et le grandiose de leurs conceptions.

Annibal Carrache , *le Dominiquin*, *le Poussin* ont pensé et traité en grand les sujets de leurs paysages et sont des modèles à suivre pour obtenir une exécution franche et facile.

Salvator Rosa qui parut après eux prit une route toute différente , ainsi que *le Benedette* , l'un s'est plu a produire des paysages d'un effet terrible et de formes souvent gigantesques; le second les a traités d'une manière plus agréable , et ils se sont tous deux servi de glacis avec avantage, les ouvrages du premier ont souvent poussé au noir.

Claude le Lorrain , le patriarche des paysagistes, ce peintre consommé, savant observateur de la nature , est parvenu à plaire et à fixer l'admiration de la postérité avec une manière d'opérer qui lui était particulière et que ses élèves quoique très-habiles, n'ont pu saisir ; *le Courtois* ou *le Bourguignon* , *Herman* , *Swanevelt* l'ont pourtant imité de très-près , mais par d'autres moyens ; ils avaient reçu de la nature plus de facilité pour l'exécution , que leur maître qu'elle semblait avoir formé pour en faire un modèle inimitable : en effet, tous ceux qui sont venus depuis lui et qui ont voulu l'imiter , n'ont souvent produit que des réminiscences lourdes. La plupart des paysagistes français du dix-septième siècle semblent avoir voulu prendre pour modèles les paysagistes d'Italie, comme on le faisait alors pour les autres genres de la peinture.

Depuis quelques années, nos paysagistes modernes, devenus plus familiers avec les productions des écoles flamande et hollandaise, ont su faire un heureux mélange de la belle couleur, de la transparence des uns et du grand style des autres, qui leur mérite chaque jour de nouveaux applaudissements du public.

Le Pastel.

Le pastel qui par sa fragilité et la mollesse de ses crayons paraît peu propre pour traiter le paysage, a souvent été employé avec succès par quelques artistes dont la main légère et la touche spirituelle ont su s'en servir pour faire promptement des études d'après nature.

Quelques peintres en ont tiré le meilleur parti pour l'harmonie, ils sont même parvenus à toucher avec esprit et même avec fermeté.

les formes diverses des feuilles des arbres
et les accessoires les plus délicats et les
plus déliés, ainsi que les figures qu'ils ont
rendues avec beaucoup d'esprit et de sentiment.

On connaît des paysages au pastel qui
approchent de la force de l'huile.

Ce genre de peindre avec de simples
crayons de diverses couleurs rend parfaitement, sous une main preste et habile, la
vapeur des brouillards et les effets brillants
du lever et du coucher du soleil.

Le pastel peut être aussi employé avec
succès pour retoucher et animer avec goût
et intelligence des dessins de paysages au
papier de couleur, au bleu sur-tout et re-
haussés de blanc. Je me suis moi-même
assez bien trouvé de cette pratique qui rap-
prochait mon dessin de la vérité des tons
de la nature.

Je suis pourtant loin d'en conseiller
l'usage à moins que l'on n'ait acquis une

grande habitude par une longue pratique de l'art , car sans cela on risquerait de produire des tons lourds , s'ils devenaient fatigués ; le pastel dans ce cas ne doit pour ainsi dire qu'effleurer le papier et être touché vivement : au surplus ce genre de peinture est le moins usité pour le paysage, et il y aurait peut-être du danger de s'y adonner d'abord pour ceux qui commencent, ce qui les entraînerait facilement et sans s'en apercevoir à des tons faibles et faux.

Je crois être entré dans tous les détails qui peuvent éclairer et conduire les amateurs dans l'étude si attrayante du paysage, leur avoir indiqué la véritable route pour arriver au but , celui de s'amuser et de plaire aux autres.

FIN.

NOTICES

SUR LES PEINTRES

DONT LES NOMS

SE TROUVENT CITÉS

DANS CET OUVRAGE.

NOTICES

SUR LES PEINTRES

DONT LES NOMS

SE TROUVENT CITÉS

DANS CET OUVRAGE.

L'ALBANE, né à Bologne en 1578.

L'ALBANE fut un des plus célèbres élèves de l'école des *Carraches*, dont il saisit parfaitement le grand goût et la belle manière de peindre. On sait que ce peintre qui réussit parfaitement à peindre des femmes et des enfants, mérita le titre de peintre des grâces ; mais c'est comme peintre de paysages qu'il en est question dans cet ouvrage. Il peignit le paysage d'un grand goût, et tout à fait dans la manière *d'Annibal*, son maître, dans les fonds de ses tableaux de nymphes et d'amours ; mais on en connaît de lui qui sont absolument paysages, et dans lesquels il a placé quelques sujets de la fable ou de l'histoire.

JEAN ASSELIN, ou ASSELYN, né en Hollande, mort à Amsterdam en 1660.

Asselin est un des meilleurs paysagistes de la Hollande ; il partit très-jeune encore pour l'Italie où il séjourna long-temps ; il y fit connaissance avec *Pierre de Laat*, son compatriote, dont les conseils lui furent fort utiles pour son art. *Asselin* se forma en Italie une manière claire, opposée à celle des peintres de son pays. Il paraît qu'il prit *le Lorrain* pour modèle, ce qui, joint à ses études et à ses observations sur la nature, lui fit une grande réputation à Rome, où ses ouvrages sont restés en grand nombre. Il revint ensuite en Hollande, et ses compatriotes accueillirent son talent avec empressement. La manière de peindre d'*Asselin* est légère et spirituelle ; il rend à ravir la fraîcheur du matin et les vapeurs du soir. Personne n'a rendu avec plus d'harmonie le coucher du soleil, si l'on en excepte celui qu'il avait pris pour modèle. Sa manière de toucher les feuilles de ses arbres est variée et pleine de goût. Son coloris est en général d'un ton doré. Les tableaux de ce maître se conservent avec soin dans les meilleures collections.

Jacques BASSAN Delporte, né en 1510 à Bassano, mort à Venise en 1592.

Jacques Bassan fut le premier peintre célèbre de cette longue famille d'artistes du même nom. Ce fut à Venise qu'il alla perfectionner ses talents, mais les sites agréables de sa patrie le rappelèrent à Bassáno, où il passa la plus grande partie de sa vie à étudier la nature de ce beau pays. C'est dans cet agréable séjour qu'il fit les charmants tableaux de paysages et d'animaux, qui lui ont acquis tant de réputation ; il ne se distingua pas moins dans l'exécution des tableaux d'histoire, mais c'est comme peintre de paysages et d'animaux que j'ai parlé de ce célèbre artiste.

Louis BACKHUYSEN, né à Embden en 1631, mort à Amsterdam en 1609.

Backhuysen a conservé la réputation du premier et du plus habile peintre de marines de la Hollande ; en effet personne n'a peint avec plus de vérité

toutes les fureurs , toutes les variétés de la mer :
on vit souvent ce peintre s'exposer aux plus
grands dangers pour observer et prendre la nature
sur le fait. Les tableaux de *Backhuysen* se distinguent par un précieux fini, par une touche moelleuse et fondue, et sur-tout par une extrême exactitude
dans les agrès des vaisseaux qu'il dessinait avec
une grande supériorité. Les tableaux de ce peintre
tiennent un rang distingué dans les plus célèbres
cabinets de l'Europe.

Jean-Benoît *CASTIGLIONE*, dit le *BENEDETTE*, né à Gênes en 1616, mort à Mantoue en 1679.

Le Benedette est un des peintres de l'école d'Italie ,
pour lequel la nature avait tout fait. Son talent et
sa manière de peindre absolument à lui ne tiennent
à aucuns des peintres de cette école. Les conceptions
de paysages et des animaux du *Benedette* ont un
charme qui entraîne ; on y admire une touche
ferme et spirituelle qui le fait distinguer au premier
coup d'œil. Ce maître jouit d'une telle réputation
dans l'histoire des arts, qu'il serait superflu de s'étendre d'avantage sur sa supériorité. Il joignit au talent
de peindre celui de graver à l'eau forte de la ma-

nière la plus spirituelle et la plus légère. J'ai parlé très-au long de ce peintre dans ma galerie des peintres célèbres, à laquelle on peut se reporter.

Nicolas BERCHEM, né à Harlem en 1624, mort dans la même ville en 1683.

Berchem si connu dans les fastes de la peinture a été un des peintres les plus recommandables de l'école hollandaise. Tout le monde connaît les talents de *Berchem* pour le paysage et les animaux, auxquels il donna toute la vie et toutes les grâces possibles. Il composait ses tableaux avec goût ; ses sites sont toujours agréables et variés. Rien de plus pittoresque que les formes qu'il emploie ; ses ciels sont brillants et vaporeux, ses nuages touchés avec esprit sont des modèles éternels de goût.

La couleur de *Berchem* est ordinairement chaude et dorée. Il entendait parfaitement les oppositions de la lumière et de l'ombre, et il savait par des effets habiles donner de la richesse et du ton à ses ombres. J'ai vanté les talents de cet habile peintre dans ma galerie des peintres célèbres, où je suis entré dans de grands détails sur son compte. *Berchem* a aussi gravé avec beaucoup d'esprit plusieurs

sujets d'animaux fort estimés des vrais connaisseurs.

Jean et André BOTH d'Italie , nés en Hollande.

Deux frères de ce nom honorèrent les arts et
l'école hollandaise ; celui dont il est ici question s'appe-
lait *Jean Both*, il peignait le paysage , et *André Both*,
son frère, les ornait de jolies figures. Ces deux frères
vécurent toujours ensemble sans jalousie. Ils partirent
de bonne heure pour l'Italie , où ils ont passé la plus
grande partie de leur carrière qui fut de courte
durée , tous deux étant morts dans un âge
peu avancé, mais ils vécurent assez pour leur
réputation.

Ces peintres ont laissé des tableaux de paysages d'un excellent goût. Le soleil perce par tout
dans leurs tableaux ; le feuiller en est exquis et touché avec goût et avec facilité. Ils ont affecté des
formes un peu aiguës dans leurs terrasses , qui en
écartent la monotonie et la rondeur ennuyeuse. La
manière de *Jean Both* tient plus à l'école d'Italie
qu'à celle de son pays , si ce n'est qu'on y retrouve
cette force de couleur si naturelle aux peintres de
l'école hollandaise. Les tableaux de *Both* jouissent

d'une grande réputation , et sont très - estimés.

Les frères *Both* furent en Italie camarades de *Bamboche* , d'*Asselin* , et furent admis dans la bande joyeuse des peintres de ce pays , établie à Rome. *Jean Both* a gravé une suite de paysages avec beaucoup d'esprit et de goût.

Bartholomée BRÉEMBERG , né à Utrecht en 1620 , mort en 1660.

Bréemberg est un des plus anciens paysagistes de la Hollande , qui , suivant l'usage du temps , partit pour faire le voyage d'Italie , où un long séjour dans ce pays acheva de perfectionner ses talens.

Bartholomée parut frappé de la beauté des monuments antiques, et en fit le principal objet de ses études. Il a réussi parfaitement à rendre toute la vétusté et les ravages que le temps y a imprimés. Il n'a pas moins bien réussi à peindre les animaux qu'il traitait avec finesse. La manière de peindre de *Bréemberg* est précieuse et finie. Ses ciels sont légers et vaporeux , sa couleur quelquefois grise et argentine , est aussi souvent forte et dorée. Ses tableaux sont en général d'une petite proportion , et ce sont les plus estimés. La touche de *Bartholomée* est légère et spirituelle et très-fondue, mais il y a beaucoup de choix dans les tableaux de ce maître.

Pierre *BREUGHELS* le vieux, né à Breughel près Bréda, au commencement du seizième siècle.

Pierre Breughels fut le chef d'une nombreuse famille d'artistes du même nom ; il fut un des premiers fondateurs de l'académie d'Anvers ; il voyagea beaucoup dans le Frioul, il y fit une longue suite d'études, et passa de là en Italie où un long séjour fortifia son talent ; il vint aussi en France, et alla ensuite se fixer à Anvers. Son goût le portait à peindre des assemblées de paysans, des foires, des attaques de coches et des paysages où la vue est ordinairement fort étendue.

Ses études faites dans le Frioul et en Italie, lui ont servi à rendre ses tableaux très-gracieux et d'une grande variété.

On ne peut reprocher à *Breughels* qu'un abus général de vert et de bleu qui tient un peu à l'usage de ce siècle, où tous les premiers paysagistes ont eu les mêmes défauts. Les paysages de *Breughels* ont fait pendant plusieurs siècles l'ornement des cabinets et se vendaient fort cher, mais depuis quelque temps ils ont un peu perdu de leur valeur.

Paul BRIL, né à Anvers en 1554, mort à Rome en 1626.

A peine *Paul Bril* eut-il reçu les premiers principes de la peinture qu'il quitta la Flandre pour aller à Rome, où son frère *Matthieu Bril* était occupé au Vatican par le Pape *Grégoire XIII*. *Bril* oublia bientôt sa manière sèche qu'il avait prise à la vue des tableaux du *Titien* et d'*Annibal Carrache*. Ses paysages se distinguent par des sites et des lointains pleins de charmes. Sa touche est légère, son pinceau moelleux, et une manière qui se rapproche beaucoup de la vérité de la nature. Plusieurs peintres d'histoire employaient les talents de *Paul Bril* pour les fonds de paysages de leurs fresques, *Annibal* lui-même l'employa dans ses grands travaux. Ses tableaux jouissaient à Rome de la plus grande réputation, et étaient transportés dans tous les pays de l'Europe. Sur la fin de sa vie, il peignit en petit des tableaux très-gracieux et d'un grand fini.

Annibal CARRACHE, né à Bologne en 1560, mort à Rome en 1609.

Les grand talents d'*Annibal* sont si connus que je n'entrerai dans aucuns détails sur ce grand peintre d'histoire ; c'est à cause de son beau talent pour le paysage qu'il est question de lui dans ces notices. Ce peintre s'était fait une belle manière de traiter le paysage, qui est restée son appanage particulier et distinctif ; elle est grande et large ; son feuiller du meilleur goût. Ses tableaux sont ornés de jolies figures d'un style noble : on estime sur-tout les dessins de paysages à la plume d'*Annibal Carrache*, qui sont des modèles de goût et de facilité ; ce sont les meilleurs à suivre pour se former à dessiner dans ce genre. *Annibal* s'est aussi amusé à graver à l'eau forte avec beaucoup de talent.

CASANOVA.

François Casanova ou *Casanove* naquit à Londres en 1732. Ce peintre a fait le paysage avec succès ; il n'a pas moins réussi à peindre les batail-

les et les animaux. Les tableaux de *Casanove* sont
peints avec feu, d'un coloris brillant, fort et vigoureux : sa manière qui parut neuve lui attira beaucoup d'élèves , et détermina le goût des amateurs
pour ses ouvrages qui firent époque aux diverses expositions du Louvre.

Ses tableaux très-recherchés et bien payés de
son vivant, ont perdu depuis de leur prix ; on y
a trouvé peut-être souvent des groupes et des animaux qui sont des réminiscences des autres maîtres
en ce genre ; mais ses tableaux de batailles se res-
sentent moins de ce défaut, et sont uniquement les
fruits de son génie. Ce peintre est mort à Vienne
depuis peu d'années.

*Philippe de CHAMPAGNE , né à Bruxelles en
1602 , mort à Paris en 1674.*

Philippe de Champagne si justement célèbre dans
le genre de l'histoire, ne se distingua pas moins comme
très-habile paysagiste. *Champagne* étant entré fort
jeune à l'école de *Fouquieres*, qui jouissait à Bruxelles de
la plus grande réputation pour le paysage , ne tarda
guères à profiter des leçons de ce grand maître qu'il
parvint non seulement à imiter en peu de temps ,

12

mais qu'il surpassa par la supériorité de son coloris.

Les paysages de *Champagne* ne se ressentirent d'aucun des défauts reprochés à *Fouquieres*, et il s'aperçut que la couleur verte, qui domine généralement dans ses ouvrages, n'était qu'une habitude de l'ancienne école; en observateur de la nature il sut s'en corriger et on applaudit à ses tableaux peints d'une belle manière et d'une couleur forte et moelleuse.

Les paysages de *Champagne* sont composés de grand goût et tiennent du genre du *Guaspre*, ils sont en général d'une assez grande proportion; on les trouve rarement en France, parce que c'est particulièrement à Bruxelles, avant son arrivée à Paris, que *Champagne* s'adonna au genre du paysage qu'il a continué depuis, mais bien plus rarement à cause des grands tableaux d'histoire dont il fut chargé.

CLÉRISSEAU.

Clérisseau, né à Paris, fut reçu à l'Académie royale de peinture et sculpture, sur des morceaux d'architecture peints à la gouache d'une manière très-large et très-moelleuse; il continua de peindre en ce genre beaucoup de paysages, qu'il a toujours ornés de

beaux restes des monuments antiques, dont il avait
fait ses études pendant un long séjour en Italie.
Ses gouaches peuvent servir de modèles en ce genre
et sont très-estimées.

Carle *DUJARDIN* ou *KAREL*, *né à Amsterdam en* 1640, *mort à Venise en* 1674.

Elevé à l'école de *Berchem*, *Carle Dujardin* passa
ensuite en Italie où il fut reçu dans la bande joyeuse
des peintres hollandais. *Carle Dujardin* qui était
arrivé avec un talent déjà très-agréable, ne tarda
guères à se faire distinguer par la grâce et l'agrément de ses tableaux. Rien de plus joli, de plus
naturel que les paysages de *Dujardin*, qu'il ornait
d'animaux et de figures dessinés avec beaucoup d'esprit et de goût. Les tableaux de *Carle Dujardin*
se font reconnaître par un beau ton gris et argentin,
par des ciels délicieux et du ton le plus vaporeux ; ils
sont en général très-estimés et tiennent une place
honorable dans les meilleures collections. Ils se
maintiennent toujours à un haut prix. Ce peintre a
gravé à l'eau forte beaucoup de pièces qui sont
extrêmement recherchées des vrais amateurs.

Le DOMINIQUIN (*Dominique Zampieri*), né à Bologne en 1581, mort en 1641.

Les grands talents du *Dominiquin* l'ont placé parmi les premiers peintres de l'Italie, où ses talents lui firent une grande réputation et lui attirèrent les plus grands chagrins par la jalousie des autres peintres ses contemporains. Son talent pour le paysage qu'il ne faisait que par délassement, lui a fait trouver une place dans ce recueil. Sa manière de traiter le paysage tient beaucoup de celle des *Carraches*, si ce n'est cependant qu'ils paraissent exécutés avec plus de travail, ce qui tient à la manière d'opérer du *Dominiquin* qui travaillait et réfléchissait beaucoup ses ouvrages.

Les compositions de ses paysages sont grandes et nobles, assez ordinairement ornées de quelques figures ou sujets d'histoire. Sa manière de peindre est large et moelleuse ; on ne les rencontre guères qu'en Italie et dans les galeries des princes.

DYÉTRICY ou DIETERICH, né à Veimar en 1712, mort depuis peu.

Dieterich avait apporté en naissant une facilité rare

pour tous les genres de peinture : l'histoire , le portrait , le paysage , les animaux lui étaient également
familiers ; il avait aussi une grande pratique pour faire
des pastiches ou imitations du genre de différents
peintres. On l'a vu imiter souvent *Rembrand*, *Berchem*, *Ostade*, à tromper , tant il avait su se rendre
familière la façon de faire de chacun de ses maîtres. Quand il a voulu être lui-même , il a fait des
tableaux d'un grand intérêt ; il a sur-tout réussi à
peindre le paysage d'une manière extrêmement agréable ; il a su joindre une belle façon d'opérer à la
grâce et à la variété de la nature. Ses paysages
sont tantôt des vues de Saxe , d'une composition
simple , tantôt ce sont des sujets de composition ,
des rochers , des cascades ; il a aussi cherché à
faire des paysages dans le goût de *Salvator Rosa*,
où il a placé des figures de soldats absolument
dans le genre de ce maître célèbre. Les tableaux
de ce peintre sont pour la plupart en Saxe où
ils sont fort estimés ; il en est passé quelques-uns
en France par le commerce, et ils y ont été
recherchés ; ses ciels sont brillants et harmonieux.

Il touchait le paysage avec beaucoup de goût
et de finesse ; cet artiste est venu en France où il

est peu resté ; il s'est fait une grande réputation comme paysagiste.

Adam ELSHEIMER , né à Francfort en 1574, mort à Rome en 1620.

Elsheimer fut encore un des restaurateurs du paysage. Il alla fort jeune à Rome où il s'adonna à peindre des ruines et les plus jolis points de vue de cette riche contrée.

Il peignait ordinairement ses tableaux en petit, ils furent fort recherchés des curieux ; mais ils sont très-rares à trouver aujourd'hui bien conservés, ce qui les a fait porter à un très-haut prix.

La manière de ce peintre est suave et finie, sa couleur riche, sa touche moelleuse.

Elsheimer sera toujours regardé comme un des premiers paysagistes et comme l'un des fondateurs du bon goût en ce genre.

ÉVERDINGEN, *Aldert-van* , né à Alcmaert en 1621, mort en 1675.

Éverdingen est regardé comme un des meilleurs paysagistes de la Hollande. Les tableaux d'*Éverdingen* sont distingués de la foule des peintres de ce pays qui paraissent s'être particulièrement occupés du fini ; sa manière, au contraire, est large et forte ; il se plaisait à peindre des rochers, des chutes d'eau qui tombent avec un grand fracas et excitent une vapeur humide. Ses sites sont ordinairement sauvages ; peu de peintres ont aussi bien rendu les arbres d'hiver qu'*Éverdingen* : les sapins, les cyprès produisent un effet on ne peut plus pittoresque dans les tableaux de ce maître, qui sont en général d'un ton doré et transparent ; ses eaux sont d'une vérité, d'une fraîcheur qui ne se rencontrent dans les tableaux d'aucun autre peintre de la Hollande.

Jean FOREST, *né à Paris en 1616, mort en 1712.*

Forest est un des plus grands paysagistes français du dix-septième siècle. Après un séjour de sept ans en Italie, où il s'occupa à faire une nombreuse récolte d'études, il voyagea en Provence et en Franche-Comté, dont il dessina les plus belles vues.

Si les tableaux de *Forest* ne se font pas remarquer par un coloris frais et agréable, il sait dédommager l'ami des beaux arts par des sites magnifiques, par une magie sombre et terrible qui produit des effets piquants et étonnants de lumière. Il ornait ses tableaux de monuments d'un bon goût et de figures bien dessinées. Il entreprit un second voyage en Italie au désir de M. de Ségenlay qui le chargea de lui acheter dans ce pays une collection de tableaux choisis. Cet artiste modeste faisait si peu de cas de ses ouvrages que souvent on lui a vu les couvrir pour en recommencer d'autres.

Sa manière de toucher le feuiller est large et facile ; mais ses tableaux sont plus faits pour frapper les artistes et les véritables connaisseurs que le vulgaire des amateurs. Il fut le beau-frère de *Lafosse*, célèbre peintre d'histoire.

Jacques FOUQUIERES, né Anvers en 1580, mort à Paris en 1659.

Fouquieres, élève de *Breughels*, qu'il a surpassé, mérita le titre d'un des premiers paysagistes de la Flandre. Ses talents furent employés avantageusement par l'Électeur Palatin qui le fit venir à sa cour, il entreprit ensuite le voyage d'Italie où il perfectionna ses talents ; de retour à Bruxelles, il fut appelé en France par Louis XIII, instruit de son mérite. Ce monarque employa *Fouquieres* à l'embellissement de ses maisons royales, et il le chargea de dessiner les places fortes et diverses villes de la France.

Le Roi satisfait de son travail l'ennoblit, et depuis ce temps *Fouquieres* ne quitta plus son épée, même pour peindre. Cette malheureuse gloriole lui fit négliger la peinture, il fut plongé dans la misère dont il eût senti toutes les horreurs, sans un artiste de ses amis, qui le retira chez lui et le logea le reste de sa vie qui fut longue.

La manière de ce peintre est très-vraie et toujours prise sur la nature, son feuiller est large et bien touché. Peut-être pourrait-on lui reprocher l'abus du vert dans ses tableaux et de les avoir souvent un peu bouchés ; mais sans s'arrêter à ces légers défauts, les tableaux de *Fouquieres* feront toujours plaisir aux véritables connaisseurs qui y rencontreront un certain grandiose rare à trouver dans les genres du paysage ; il dessinait bien ses figures et il a gravé quelques eaux fortes d'après ses propres tableaux.

Honoré FRAGONARD, *né à Grasse en Provence, mort à Paris en 1806.*

Fragonard reçut de la nature les plus grandes dispositions pour la peinture. Son génie bouillant et plein de verve lui fit produire une foule de com-

positions enchanteresses et qui ont souvent l'air
d'être l'ouvrage des fées. Le maître chez qui le hasard
le plaça à Paris, homme plein de génie lui-même,
était peu propre à ramener son élève à l'étude sérieuse de la peinture ; aussi le génie de *Fragonard*
fit tout, créa tout, il fut pour ainsi dire l'auteur
d'un nouveau genre de peinture inconnu jusqu'à lui.
Nouveau Protée, *Fragonard* se montra sous toutes
les formes, mais elles furent toujours accompagnées
des grâces qui jamais n'abandonnèrent leur favori,
tous les genres lui furent familiers, on le vit s'é-
lever avec dignité à la hauteur du genre de l'histoire qu'il eût continué avec distinction, s'il eût été
encouragé par son siècle.

Il peignit des pastorales dans le genre érotique,
des scènes familières, mais toujours avec un charme
d'effet et de grâce qui n'appartenait qu'à lui ;
on peut assurer que ce peintre n'a point laissé de
véritables héritiers de son talent, et toutes les faveurs
dont la nature l'avait comblé s'ensevelirent avec
lui dans la tombe.

La troupe des amours, semblables à des papillons,
voltigent sur sa palette et dans ses pinceaux, il
semblait ne faire que les saisir pour les placer sur
ses tableaux.

Fragonard peignit avec le plus grand succès les différents genres de paysages, vues d'Italie, pastiches flamands, tout lui était familier, mais ce qui caractérisera à jamais les jolies conceptions de ce peintre, c'est un effet extraordinaire et qui doit lui mériter à juste titre celui du *Rembrand* de la France.

Claude GELÉE, dit le LORRAIN, né dans le diocèse de Toul en 1600, mort à Rome en 1682.

Le Lorrain a mérité le titre de premier paysagiste de l'univers, et jusqu'ici personne ne le lui a disputé. C'est bien vraiment le *Raphaël* du paysage et celui de tous les peintres de ce genre qui a le mieux entendu les lignes d'un tableau et sa véritable harmonie.

Ses tableaux toujours pleins d'idées grandes et simples à la fois inspirent une sorte d'envie de rêver qui force d'y rester long-temps. Plus on les considère et plus on les trouve grands de choses et d'un faire savant. Aucun peintre ne se pénétra plus des beautés sublimes de la nature que *le Lorrain*, mais ce qui doit surprendre tous les siècles à venir, c'est que ce grand homme qui est parvenu à un degré de talent aussi éminent, ait paru pendant les premières

années de sa vie privé de toute espèce de concep-
tion. Ses parents qui ne purent lui rien faire apprendre, se déterminèrent à le placer chez un pâtis-
sier. Une occasion qui l'enleva à sa patrie pour le
conduire à Rome, fut le présage de la découverte
de son talent. Placé par hasard chez un peintre célèbre de Rome pour y remplir un tout autre emploi
que celui de son élève, *Auguste Tassi*, c'était le nom
du peintre, crut découvrir en cet être disgracié de
la nature, des dispositions encore lointaines, il ne
se découragea point, après bien des peines l'aurore de
son génie sembla percer peu à peu à travers l'obscurité
de ses pensées habituelles, enfin *Tassi* jugea le
genre de peinture qui paraissait lui être propre.
Son attente ne fut pas trompée et il eut la gloire
d'avoir formé à force de soins le premier et le
plus grand paysagiste. La nature devint ensuite le grand modèle où *le Lorrain* ne cessa de
puiser ; cette espèce de miracle étonna tous les artistes
de l'Italie qui rendirent hommage à ses talents et se
firent une gloire de le compter parmi leurs amis. *Le
Poussin* admirateur des talents du *Lorrain* l'estimait
infiniment.

Les tableaux du *Lorrain* seront des modèles éternels d'harmonie, et feront l'admiration de tous les

siècles et l'ornement des galeries des princes.

Le talent du *Lorrain* est un problême qui démontre qu'il ne faut pas se rebuter ni trop compter sur des dispositions apparentes qui semblables au feu de paille n'en ont que la durée.

Le GIORGION, Georges BARBARELLI, né dans le Trévisan en 1478, mort en 1511.

Ce peintre célèbre et l'un des fondateurs de l'école vénitienne, apporta en naissant les plus grands talents pour la peinture et la musique, la nature qui avait fait de grands frais pour cet habile homme l'avait doué d'une magnifique voix qu'il accompagnait avec le luth dont il jouait supérieurement. Il n'eut pas moins de talents pour la peinture dans laquelle il s'est surpassé, et où il occupe un rang très-distingué ; mort presque à la fleur de son âge, *le Giorgion* fut un célèbre peintre d'histoire et l'un des plus habiles coloristes de l'école vénitienne, ce n'est que comme paysagiste qu'il a été parlé de lui dans cet ouvrage uniquement destiné au genre du paysage. Quoique quatre siècles ayent déjà passé sur les tableaux de ce grand homme, il est aisé de découvrir encore qu'ils ont dû être peints d'une belle couleur, avec une grande force et beaucoup de facilité. *Le Giorgion* inspira et décida le talent du *Titien* qui apprit de lui les secrets du coloris, qu'il a porté depuis au premier degré.

Les paysages du *Giorgion* sont très-rares aujourd'hui et ne se rencontrent guères que dans les palais des princes où ils sont conservés avec beaucoup de soin.

Le GUASPRE ou Gaspard DUGHET, ou *Guaspre Poussin*, né à Rome en 1613.

Quoiqu'originaire français, *le Guaspre* a toujours été mis au nombre des premiers paysagistes de l'Italie, élève de son beau-frère le célèbre *Poussin* qui lui jugea un talent né pour le paysage, sans cependant l'éloigner de l'étude de la figure, il devint avec ses avis et ses études continuelles sur la nature, l'un des des paysagistes les plus renommés.

La manière de peindre du *Guaspre* est large, facile et vague. Personne n'entendit jamais mieux à rendre les vapeurs des mauvais temps, le bouleversement des vents et les moments orageux où la nature en courroux paraît vouloir se dissoudre. Il a peint à l'huile et à la gouache avec un talent supérieur et il peut être

cité comme un grand modèle dans ce dernier genre.
Ses tableaux ont par fois la physionomie de ceux du
Poussin, mais il est aisé de reconnaître leur véritable auteur. Il y a dans la manière du *Guaspre*
un certain faire preste et facile qu'il est difficile de
ne pas reconnaître, et qui le décèle toujours.

Ce peintre est un des meilleurs comme l'un des
plus agréables paysagistes. Ses tableaux qui sont encore bien conservés jouissent d'une grande réputation. Il y en a beaucoup en Italie et sur-tout en
Angleterre où ils sont estimés à leur juste valeur.

Le Guaspre a gravé quelques pièces à l'eau forte
avec beaucoup de goût et d'une manière simple et
large.

HERMAN-VAN-SWANEVELT, ou HERMAN
d'Italie, né en Flandre en 1620.

Herman d'Italie passe pour un des plus savants
peintres de paysages après *le Lorrain* dont il avait
pris les leçons, et dont il chercha dans la suite à
imiter la manière ; aussi ce peintre peut-il prendre
place à côté du grand homme qui lui avait développé les secrets de son art.

Swanevelt avait acquis par l'imitation de la nature une manière de peindre suave et moelleuse, qui répand sur ses tableaux un agrément qui les rendra toujours précieux aux amis de la peinture.

Peu de peintres ont touché le feuiller des arbres aussi bien et aussi fraîchement qu'*Herman*. Ses terrasses sont de bon goût et de belles formes. Sa couleur quoique belle et dorée assez ordinairement, n'a pourtant jamais obtenu toute la force et le ton doré des tableaux du *Lorrain*. *Herman* dessinait fort bien les figures et les animaux, et avait surpassé son maître dans cette partie de l'art.

Les tableaux de *Swanevelt* sont très-recherchés et bien payés, ils peuvent servir de modèles à ceux qui se destinent à peindre le paysage. On possède de ce peintre une longue suite de paysages qu'il a gravés à l'eau forte, d'une manière vigoureuse et piquante. Cette œuvre très-considérable et composée d'estampes de toutes proportions, est très-estimée, et se trouve dans les porte-feuilles de tous les peintres et de tous les amateurs.

HOBBÉMA.

Ceux qui ont écrit sur la peinture ont négligé de parler d'*Hobbéma*, peintre de paysages de l'école hollandaise ; quoique très-habile, on ne sait que fort peu de chose sur le compte de ce peintre qui s'est distingué par une grande vérité dans l'imitation de la nature. Peu de peintres en effet l'ont rendue avec plus d'exactitude , ses tableaux en sont l'exacte traduction, ce qui rapprocherait peut-être un peu ses ouvrages de ceux de *Jacques Ruisdaal. Hobbéma* réussissait sur-tout dans la vérité de la représentation des fabriques : personne n'a peut-être jamais mieux imité les couvertures de tuiles et n'a possédé une touche plus large et plus empâtée : ses tableaux sont rares en France et très-recherchés en Hollande.

J.-P.-L. *HOUEL*, *né à Rouen en* 1735.

J.-P.-L. Houel s'adonna de très-bonne heure à l'étude du paysage et à la gravure en ce genre. L'envie de peindre le fit entrer à l'école de *Casanova* ; dès-lors il se livra tout entier à la peinture du paysage, soit à l'huile, soit à la gouache, genre dans lequel il traça une nouvelle route et une manière large vraiment à lui.

Il a exécuté dans ce genre une infinité d'études et de tableaux intéressants pendant son long séjour à Rome et en divers lieux d'Italie ; après avoir en-

suite passé quelques années à Paris, il entreprit un
nouveau voyage en Italie et porta ses vues vers la
Sicile, où il fit une nouvelle récolte d'études et de
monuments qu'il a gravés lui-même, et donnés ensuite au public sous le titre de Voyage de Sicile,
ouvrage devenu extrêmement intéressant. Ses gouaches dans lesquelles il a parfaitement réussi, seront
toujours recherchées des véritables connaisseurs; il
est mort à Paris en 1813, dans un âge avancé, membre de l'Académie royale de peinture et sculpture.

HUYSMANS de Malines, né à Anvers en 1648,
mort en 1727.

Huysmans, l'un des peintres les plus habiles de
la Flandre, naquit à Bruxelles et vint se fixer à
Malines, d'où lui est survenu le surnom de *Malines*.
Il suivit les leçons de *Van-Artois*. *Huysmans* le surpassa, sur-tout dans les tableaux d'une très-grande
proportion qu'il exécutait avec une rare facilité et
avec un grandiose remarquable. Les tableaux d'*Huysmans* sont aisés à reconnaître par une belle couleur
forte et dorée, par des effets de soleil très-piquants. Ses
tableaux représentent assez souvent des vues très-
étendues de la Flandre, dont les lointains sont pleins

de vapeur. Des figures et des animaux bien dessinés ajoutent encore à l'intérêt de ses tableaux qui
seront toujours de véritables modèles de paysages.

Albert *KUIP*, né à *Dort en* 1606.

Ce peintre né en Hollande, s'est distingué par sa
belle manière de peindre le paysage et les chevaux
qu'il rendait d'une touche extrêmement large et moelleuse ; il peignait avec autant de talent les vaches et
les prairies , dont son pinceau rend parfaitement
le velouté. Ce peintre ornait souvent ses tableaux
de bords des rivières qui en augmentaient le charme
par le calme et la fraîcheur des eaux ; les tableaux
de *Kuip* se reconnaissent à une manière large et
simple, à des effets de ciels brillants et par de
larges plantes dont il en enrichissait les premiers
plans.

Ils ne se rencontrent pas très-communément dans
les cabinets de France, par le prix qu'y attachent
les amateurs de son pays.

Pierre de LAAR, ou *BAMBOCHE* , né à *Laar en Hollande en* 1613 , *mort en* 1674.

Le surnom de *Bamboche* lui fut donné à Rome

par la bande joyeuse des peintres flamands et hollandais, à cause de sa difformité naturelle qui ne put changer la gaieté de son caractère. *Bamboche* quitta très-jeune encore son pays natal pour aller se fixer en Italie, où il passa une partie de sa vie dans la société et l'intimité des plus habiles peintres de Rome, où ses tableaux furent très-recherchés. Il peignait fort bien le paysage, les chasses, les animaux, des rencontres de voleurs, des attaques de coches. *Pierre de Laar* fut contemporain des *Both*, du *Lorrain*, du *Poussin*, de *Polembourg* et de tous les autres paysagistes d'Italie.

La manière de *Bamboche* est forte d'effet et de couleur ; on dit qu'il ne commençait jamais un tableau sans jouer un air sur son violon, après quoi il prenait sa palette et semblait travailler d'inspiration.

Ses tableaux sont assez rares en France, mais il s'en trouve beaucoup en Angleterre et en Italie où ils sont très-estimés.

On a gravé d'après ce maître qui a gravé lui-même à l'eau forte.

Raimond LAFAGE, né à *Toulouse* en 1648, mort en 1690.

Lafage fut un des plus savants dessinateurs à

la plume , genre pour lequel il avait reçu de la nature
le talent le plus étonnant. *Lafage* ne s'exerça jamais
à la peinture qu'il eût honorée sans doute par ses
succès.

Il est assez difficile de se faire une idée de la
facilité de dessiner de *Lafage* qui, le plus souvent,
sans aucun trait de crayon , entreprenait un très-
grand sujet.

La plupart de ses dessins ont été composés au
cabaret, qui était son atelier ordinaire , et il lui est
arrivé de confier ses plus belles pensées sur le dos
du mémoire du cabaretier , qu'il faisait porter ensuite chez quelques amateurs. Ses dessins sont passés dans tous les pays. Sa manière de dessiner le
paysage tenait beaucoup de celle des *Carraches*,
il en ornait souvent le fond de ses compositions ,
sur-tout de ses bacchanales , genre dans léquel son
génie s'est surpassé , mais où la licence se fait trop
sentir. C'est seulement comme dessinateur de paysages qu'il trouve une place dans cet article.

Lafage mourut fort jeune de la suite de ses
débauches.

On a gravé presque tous ses dessins , et il a gravé
lui-même quelques planches qui sont rares et difficiles à trouver.

LOCATELLI , mort à Rome en 1741.

Locatelli qui a été un des meilleurs paysagistes d'Italie, a toujours vécu dans une indigence extrême dont il est assez difficile d'expliquer les causes.

Cet artiste avait reçu de la nature , avec beaucoup de facilité , une manière de peindre large et moelleuse, qui donne beaucoup de charmes à ses paysages. Quoique ce peintre soit moderne, on n'a guères de détails , ni sur sa naissance , ni sur sa vie privée , il est assez probable que son caractère ou sa manière d'être aient pu contribuer à le faire vivre dans un état d'indigence avec de si grands talents.

Ses ouvrages sont plus connus en Italie qu'en France , il en est passé beaucoup en Allemagne et en Angleterre.

Ses tableaux représentent toujours des vues de Rome et de ses environs, qu'il ornait de figures et d'animaux.

On a gravé en Angleterre d'après ses ouvrages.

On serait tenté de croire que *Vernet* l'a connu en Italie et lui a été utile par une certaine ressemblance dans la touche et dans la manière de peindre.

LOUTHERBOURG, *né à Strasbourg.*

Ce peintre dont l'enfance fut livrée de très-bonne heure à l'étude des arts, arriva à Paris, avec un talent formé. Il y jouit, pendant plusieurs années qu'il passa dans cette capitale, d'une réputation bien méritée. Ses tableaux firent le principal ornement des diverses expositions du Louvre, où il brillait dans tous les genres. Le paysage, les batailles, les chasses, les animaux, les marines occupèrent tour à tour son pinceau ferme et moelleux.

Peu de peintres ont eu de leur vivant autant de vogue et d'appréciateurs. *Loutherbourg* joignait à une mémoire surprenante une facilité d'exécution qui paraissait n'être qu'un jeu pour lui. La peinture n'était pour ainsi dire qu'un délassement pour ce génie fécond. Ses tableaux ont quelque chose d'appétissant, de frais et de vaporeux qui les a fait toujours rechercher ; ses ciels et ses eaux sont surtout peints avec un goût exquis.

Si les animaux de *Loutherbourg* n'ont pas toute la vérité et l'exacte précision de la nature, il est vrai de dire qu'il a su leur donner un caractère et une tournure à lui, qui les rendent si intéressants qu'on serait mal fondé à exiger un autre air que celui qu'il leur a assigné.

Ce peintre, d'un caractère vif et bouillant, après avoir vécu quelques années à Paris, est passé en Angleterre par le désir du changement. Ses ouvrages y ont été bien accueillis ; mais je crois que son talent n'y a pas gagné, si l'on fait la comparaison des tableaux qu'il a peints en France avec ceux qui sont revenus d'Angleterre.

On croit que ce peintre y vit encore ; il a eu long-temps l'entreprise des décorations du premier théâtre de Londres.

On a beaucoup gravé d'après *Loutherbourg* ; il a gravé lui-même plusieurs pièces d'une manière forte et vigoureuse, qui sont très-recherchées.

Jean MIEL, né à Vlaenderen près Anvers, mort à Turin en 1664.

Jean Miel partit fort jeune pour l'Italie, où il se fixa pour toujours. Il y exerça d'abord le genre de l'histoire, mais son goût l'entraîna vers le genre des pastorales et des paysages dans lesquels il réussit parfaitement. Ses tableaux sont larges d'effet, son pinceau gras et onctueux , sa couleur est dorée et ses ciels très-clairs et très-brillants. Il reçut beaucoup de biens du Duc de Savoie , Charles-Emmanuel , qui le fixa à sa Cour , et pour lequel il peignit beaucoup de tableaux en tous genres ; mais c'est particulière-ment comme peintre de scènes familières de paysans qu'il est recommandable dans l'histoire des arts.

Francisque MILLET , né à Anvers en 1644 ; mort à Paris en 1680.

Ce peintre qui chercha à imiter les paysages du *Poussin,* s'adonna aussi au genre de l'histoire , qu'il eût fort bien traité si son génie eût pu se fixer. Il parcou-rut la Flandre , la Hollande et l'Angleterre. Paris fut le terme de ses voyages , et il y mourut dans un âge peu avancé , d'un breuvage , dit-on , que des envieux lui donnèrent. La touche de *Francisque* est facile ; il dessinait bien. Cet artiste est un de ceux qui a le plus approché du *Poussin* dans l'imitation de ses paysages. Il avait reçu de la nature une mémoire si heureuse qu'il lui suffisait d'avoir vu un objet pour se le rappeler et le rendre avec exactitude , soit dans les ouvrages des autres , soit d'après nature. On a beaucoup gravé d'après ce peintre , et son œuvre est très-connue.

MINDERHOUT, né en Hollande.

Minderhout s'adonna particulièrement à peindre des marines qu'il exécutait d'un grand goût. Les figures de ses tableaux sont bien dessinées. Ce peintre est peu connu en France, et c'est dans son pays et en Angleterre que sont restés la plupart de ses tableaux. On connaît deux grandes estampes gravées d'après lui par *Lemire*, dont une porte pour titre le Bassin de Bruges. J'ai vu de ce peintre un paysage avec un fond de mer d'un effet le plus vaporeux, et d'une belle couleur.

MOUCHERON, né en Hollande.

Les paysages de *Moucheron* sont d'un faire fort léger et très-agréable. Ses ciels sont ordinairement très-vaporeux et ses sites fort étendus. Sa manière de toucher les arbres est finie et spirituelle; il leur donne une tournure très-pittoresque. On reconnaît les tableaux de *Moucheron* à une certaine affectation de piquer ses arbres avec des tons grisâtres. Le fond de son coloris est fort et doré. Les tableaux de *Moucheron* sont placés dans les meilleurs cabinets.

Jérôme LE MUTIAN, né en Bresse dans la Lombardie en 1528, mort à Rome.

Le Mutian fit connaître de très-bonne heure ses grands talents à Rome, où il fut fort protégé par les Papes. Il avait tellement l'amour de son art qu'il fit établir à Rome la première Académie de peinture, confirmée par le bref de deux Papes, Grégoire XIII et Sixte V. Il entreprit de grands ouvrages, mais son génie l'entraîna souvent vers le paysage qu'il traita tout autrement que les autres peintres d'Italie ; son goût tenait à la manière du *Titien*, et de l'école flamande : ses paysages qui furent très-estimés de son temps, sont aujourd'hui peu connus en France. La manière de peindre du *Mutian* est grande et forte : l'on a gravé plusieurs estampes d'après ce peintre, qui a été un des plus célèbres de l'Italie.

Adrien OSTADE, né à Lubeck en 1610, mort à Amsterdam en 1685 ; Isaac OSTADE, son frère puîné.

Adrien Ostade est trop connu dans l'histoire des

arts pour que j'entre dans de grands détails sur
ce peintre si célèbre à juste titre. On sait qu'aucun
peintre de l'école hollandaise n'a peint d'une manière
plus grasse, plus onctueuse, et n'a observé mieux
que lui les lois de l'effet de la lumière ; c'est chez
lui un mérite qu'on ne saurait assez louer. Son goût
le porta presque toute sa vie à peindre des bam-
bochades en intérieur et en paysages, c'est par ce
côté qu'il est parlé de lui dans cet ouvrage. La couleur d'*Ostade* est forte et dorée.

Son frère *Isaac* s'est beaucoup plus exercé au
paysage qu'*Adrien* ; il y a souvent joint des animaux qu'il peignait d'une touche heurtée, et qui
lui était particulière. On connaît aussi beaucoup de
tableaux d'hiver d'*Isaac Ostade* qui, quoique fort
habile, a été éclipsé par son frère.

Jean-Paul PANINI, *peintre de l'école moderne*
d'Italie.

Ce peintre, appelé souvent dans le commerce par
ses deux prénoms seulement, s'est fait connaître sur-
tout par une belle manière de peindre des monuments d'architecture, qu'il composait et groupait
avec beaucoup de goût. Sa manière de peindre est

belle et savante , sa couleur dorée , son pinceau large et gras ; ses fonds de paysage sont très-harmonieux. Les tableaux de *Panini* sont placés avec distinction dans les cabinets , et ils ont servi de modèles à beaucoup d'artistes qui se sont livrés à peindre l'architecture.

PERELLE (*père et fils*) , *dessinateurs et graveurs français du dix-septième siècle.*

On connaît sous le nom de *Perelle* une suite considérable de paysages de toutes formes et de toutes grandeurs , qui sont remarquables par une heureuse composition et par un faire large , facile et plein d'effet. On assure que cette œuvre très-variée est l'ouvrage de trois artistes du même nom , le père et les deux fils , qui tous trois se livrèrent à la gravure du paysage à l'eau forte d'après leurs études. Il paraît au style de leurs paysages qu'ils avaient été étudier en Italie.

On a lieu de regretter que ces trois artistes n'aient pas eu le goût de la peinture qu'ils auraient enrichie de leurs savantes productions. Les dessins des *Perelle* sont souvent à la mine de plomb , ou lavés légèrement sur un trait de plume. Rien de plus exquis et de plus agréable que ces dessins qui sont très-recherchés.

Les paysages des *Perelle* sont dans les mains de tous les artistes. On les trouve souvent ; mais cette mine féconde, recherchée de l'étranger, finira par s'épuiser pour la France.

Les *Perelle* ont aussi gravé d'après les tableaux de différents peintres flamands établis à Rome.

PERIGNON, *Peintre, dessinateur et graveur de paysages, du dix-huitième siècle.*

Perignon se fit connaître par une belle façon de dessiner les vues de paysages qu'il terminait souvent avec quelques couleurs légères, souvent ils ne sont qu'au crayon, ou avec une légère teinte d'encre de la Chine ou de bistre.

Ce qui lui donne une place dans cet ouvrage, c'est son talent particulier à peindre le paysage à la gouache qu'il exécutait sur des toiles légèrement imprimées de blanc à colle. Il fut reçu à l'Académie royale de peinture sur deux fort beaux paysages peints de cette manière, qui lui firent beaucoup d'honneur.

Il fut choisi pour aller dessiner des vues de Suisse

lors de l'exécution de ce voyage, dont il fit la plus grande partie des dessins.

Ce peintre traduisait la nature avec la plus scrupuleuse exactitude, et l'on peut s'en rapporter aux vues qu'il a dessinées, lesquelles sont le portrait fidelle des lieux qu'elles représentent.

Perignon s'est aussi amusé à graver plusieurs planches à l'eau forte, d'après ses propres dessins, qui sont exécutées d'une manière légère et facile.

Ce peintre est mort dans un âge peu avancé.

Bonaventure PETERS, né à Anvers en 1614, mort en 1652.

Peters a joui, de son temps, de la réputation du premier peintre de marines, avant *Backhuisen*, *William Vanden-Velde* et plusieurs autres qui l'ont surpassé. Il faut cependant rendre justice au talent de ce peintre qui a su représenter avec beaucoup de vérité et légèreté toutes les horreurs de la mer et ses innombrables accidents.

Ses tableaux sont très-moelleux et très-vaporeux ; le ciel, la mer s'y confondent ensemble, le tonnerre, les éclairs sont souvent l'ame de ses tableaux, auxquels on ne peut reprocher qu'une couleur un peu

trop généralement grise ; au reste il y a beaucoup
de finesse dans la couleur et dans la touche de ce
maître qui, sans occuper le premier rang, peut
encore obtenir une place dans les cabinets des amateurs qui savent apprécier sans partialité les talents
divers des artistes. J'ai connu des tableaux de *Peters*
qui étaient du premier mérite ; mais il y a deux choix
dans ses ouvrages.

On a gravé d'après ce peintre qui fait honneur à
une ville qui a vu naître dans son sein tant d'habiles
artistes.

Adam PYNAKER, ou *PYNAQUER*, *né à Pynaker en* 1621, *mort en* 1673.

On ne sait rien de bien certain sur la vie de cet
artiste charmant, qui peignit le paysage de la manière la plus piquante. La touche de *Pynaker* est
légère, fine et brillante. Peu de peintres ont peint
le paysage avec autant de tact et d'esprit. La vue
des paysages de *Pynaker* excite un plaisir et un
charme extraordinaires. Il se plaisait sur-tout à peindre des chênes auxquels il a donné tout l'esprit dont
le feuiller de cet arbre est susceptible. Il joignait au
talent du paysage le grand art de bien dessiner les
animaux,

grands paysagistes pour le genre héroïque dans lequel son grand génie a brillé au premier degré.

Le Poussin est sans contredit le premier en ce genre, et l'on retrouve dans les compositions de paysage de ce grand peintre toute la profondeur des pensées qui se fait remarquer dans ses tableaux d'histoire.

Sa manière est grande et savante ; ses plans sagement disposés, les monuments qu'il a introduits dans ses paysages sont peints avec beaucoup de goût, et toujours placés à propos pour le sujet qu'il a eu intention d'y traiter.

Ses masses d'arbres sont grandes et nobles, sans affectation, et produisent de beaux effets.

Les paysages du *Poussin* sont assez souvent traversés d'une grande route ou ancienne voie romaine et ils ont presque toujours un but moral ; s'ils ne surprennent pas au premier coup d'œil par le brillant du coloris, on y trouve toujours la couleur locale de la nature dont cet habile homme fut le judicieux observateur. On voit des paysages du *Poussin* dans les très-grandes collections ; il est assez rare d'en voir ailleurs que chez les princes, et il est du plus rare qu'il s'en présente dans le commerce.

On a gravé tous les paysages du *Poussin* ; c'est

la seule ressource qui ait fait jouir les amateurs e
les artistes des savantes compositions en paysage
de ce grand peintre.

Paul POTTER , né à Enkhesen en 1625 , mort à Amsterdam en 1654.

Paul Potter jouit encore de la réputation du premier et du plus célèbre peintre d'animaux de la Hollande. Personne n'a jamais peint avec autant de vérité les bœufs et les vaches. Ces animaux respirent dans les tableaux de *Paul Potter* , et on croit presque sentir l'odeur qu'ils portent avec eux. Quelle vie, que de sentiment dans ces paisibles créatures qui ont l'air de reg rder le spectateur avec cette curiosité qui les caractérise.

Il est impossible de peindre le velouté des prairies avec autant de vérité de couleur que *Paul Potter*.

Sa touche est le sentiment de la nature et ne se ressent pas du mécanisme de la peinture; rien ne sent la palette, tant est grande la magie de cet artiste, qui fut enlevé aux arts à l'âge de 29 ans. On a peine à croire que seulement parvenu à un âge aussi peu avancé, il ait pu produire des chef-d'œuvres aussi parfaits et tels qu'il n'a pu encore être surpassé.

Ses ciels sont simples et assez souvent clairs, ses arbres peut-être un peu verts le font reconnaître au premier coup-d'œil. Les scènes très-simples de ses tableaux ne consistent assez ordinairement qu'en deux ou trois vaches, mais d'une telle vérité que l'on ne peut se lasser de les admirer.

Il a gravé lui-même à l'eau forte, *de Bruyn* a aussi gravé d'après *Paul Potter* une longue suite d'animaux très-curieux et très-recherchés. Les tableaux de *Paul Potter* se vendent fort cher.

LEPRINCE, *peintre du dix-huitième siècle*, *mort à Paris depuis trente ans.*

Leprince qui était venu jeune à Paris pour y suivre l'étude de la peinture, entra dans l'école de *Boucher* qu'il quitta pour faire le voyage de Sibérie avec le célèbre abbé *Chappe* : cette expédition lointaine lui fournit l'occasion de faire des études curieuses dans les diverses contrées qu'il fut obligé de parcourir. Il en fit une ample provision avec laquelle il reparut à Paris après plusieurs années d'absence, et l'on fut étonné de la nouveauté d'un genre jusqu'alors inconnu.

Leprince ne tarda guères à se faire une grande

réputation et ses tableaux devinrent l'objet du désir des amateurs qui tous lui en commandèrent. Peu de peintres furent aussi occupés que *Leprince*, sur-tout dans les premiers moments de son séjour à Paris ; il offrit pour sa réception à l'Académie un tableau représentant un baptême russe, traité avec beaucoup de goût et de magnificence. Il composa une grande quantité de pastorales et divers sujets champêtres de cette contrée du nord, à peine connue alors du reste de l'Europe. Ses tableaux d'un coloris très-brillant et de la touche la plus spirituelle plaisent infiniment ; il fit paraître aussi beaucoup de paysages, mais auxquels les rigoristes pouvaient reprocher un peu de manière et de luxe de pinceau. *Leprince* sentit alors que ce mérite ne suffisait pas pour obtenir le nom de grand paysagiste, dès-lors il se retira tous les étés à la campagne dans une situation riante, et là il se mit à peindre et à consulter la nature. On s'aperçut bientôt du grand changement qui venait de s'opérer dans sa manière de faire, et dès-lors il obtint la palme du paysage, et il est à croire qu'il serait parvenu encore à une plus grande supériorité si la mort ne l'eût enlevé à la fleur de son âge.

Quelques années avant sa mort, ce peintre avait

fait plusieurs jolis tableaux, des scènes de village,
de cabaret, des foires qui l'eussent disputé à *Wouwermans* par la finesse, le fini et la belle couleur.

Leprince a gravé à l'eau forte plusieurs suites de
sujets et de figures diverses de Russie avec un esprit
infini et de la pointe la plus fine comme la plus
vigoureuse. Il a aussi inventé un procédé pour imiter
par la gravure le lavis à l'encre de la Chine et au
bistre, et il a exécuté lui-même plusieurs morceaux
charmants de cette manière.

REMBRAND, *Van-Ryn*, *né aux environs de
Leyde en 1606, mort à Amsterdam en 1674.*

Le nom de *Rembrand* est passé dans toutes les
bouches avec l'idée que tout ce qui est rembruni
doit sortir du pinceau de ce maître. Cette idée est
bien absurde, car on connaît beaucoup d'excellents
tableaux de ce peintre célèbre qui sont peints dans
un ton très-clair ; à la vérité pour fixer la lumière
sur un seul point de ses tableaux *Rembrand* avait
coutume d'employer de vigoureux repoussoirs qui
produisent un effet charmant ; je renvoie à ma galerie
des peintres célèbres pour ce qui concerne le grand
talent de *Rembrand*, ce n'est que parce qu'il s'est

quelquefois amusé à peindre le paysage, qu'il est question de lui dans cet ouvrage. Ses paysages qu'il a affecté de piquer de lumières vives et qu'il a tenus très-sombres d'ailleurs, le décèlent bientôt, et on reconnaît de suite le faire extraordinaire de cet artiste singulier, et le seul dans son genre. Le grand nombre des élèves sortis de son école n'ont pu jamais parvenir à l'imiter au point de le faire méconnaître.

On ne rencontre guères en France de paysages de *Rembrand*, et ce n'est que par les gravures qu'il én a faites lui-même que la tradition nous en est parvenue.

Hubert ROBERT, peintre du dix-huitième siècle, né à Paris, mort depuis peu d'années.

Robert est un des peintres du siècle dernier qui a le plus produit et dont le génie fécond a pris plus de formes différentes. Ce peintre avait séjourné très-long-temps à Rome et en Italie, où il copia tout ce que cette ville et ses environs conservent de monuments antiques. *Robert* se fit une telle habitude de l'architecture et des débris de l'antiquité que sa mémoire les lui reproduisait sans cesse sous toutes les formes possibles. Je crois qu'aucun peintre n'a été plus fécond que *Robert*, il n'est pas un cabinet en Europe où l'on ne trouve plusieurs tableaux de sa main. Il les enfantait sans peine et il semblait se jouer avec son pinceau.

Il serait difficile d'énumérer tout ce que *Robert* a fait d'études et de dessins. Son caractère généreux les laissait aller avec la même facilité que son génie mettait à les enfanter.

Tous les porte-feuilles sont pleins de ses productions. Presque tous ses dessins sont à la sanguine ou au crayon noir, mais beaucoup plus souvent ils sont tracés avec un trait de plume et lavés, soit au bistre, soit à l'aquarel, d'une manière très-facile et très-légère. J'ai traité plus au long du mérite de ce peintre dans une notice particulière.

Jean-Henri ROOS, né à Ottemberg dans le bas Palatinat en 1651, mort à Francfort en 1685.

Roos a joui de la réputation d'un très-habile peintre d'animaux. Il réussissait sur-tout à peindre les vaches et les moutons. La manière de ce peintre est agréable, large et moelleuse. Quoique peintre de paysages, *Roos* fut souvent employé à peindre des portraits dans plusieurs cours d'Allemagne , qui lui furent payés très-généreusement. La plupart des princes d'Allemagne lui donnèrent leurs portraits avec une chaîne d'or. Mais malgré tous ces avantages *Roos* retourna aussitôt vers le paysage qui faisait ses délices.

Les animaux dans les tableaux de *Roos* sont largement et agréablement peints ; sa touche est grasse et moelleuse, ses ciels sont clairs et ses nuages de belle forme.

Les tableaux de *Roos* sont placés avec distinction dans les meilleurs cabinets et se soutiennent à un prix élevé.

Salvator ROSA , né près de Naples en 1615, mort en 1681.

Le génie extraordinaire de *Salvator* le porta vers tous les genres de la peinture , mais il adopta particulièrement le paysage, les marines et les batailles qu'il traitait du plus grand goût et avec une fierté de pinceau rare. Personne n'a pu l'égaler dans sa manière ferme et facile de traiter le feuiller et les rochers. Je renvoie à son article dans ma galerie des peintres célèbres , pour ce qui concerne les talents de *Salvator* dans le genre de l'histoire , qu'il a peint d'une manière forte , mais qui se ressentait souvent de la bizarrerie de son caractère. C'est comme un des plus grands paysagistes qu'il est cité dans cet ouvrage. La grande facilité de *Salvator* lui a fait produire un très-grand nombre de tableaux en tous genres qui sont passés dans les diverses cours de l'Europe , il est dommage que ces ouvrages ayent un peu poussé au noir , par la force qu'il leur donnait en les peignant et peut-être par l'emploi de mauvaises couleurs. On a de *Salvator Rosa* une longue suite d'eaux fortes gravées avec un goût exquis , plusieurs grands sujets d'histoire , des rêves , des paysages et une suite considérable de figures de soldats et de femmes , lesquelles sont très-recherchées et se trouvent dans tous les porte-feuilles des curieux.

Jacques RUISDAAL , né à Harlem en 1640 , mort en 1681.

Jacques Ruisdaal, dès l'âge de douze ans , produisit des tableaux qui lui méritèrent l'admiration des connaisseurs. Ce peintre est le plus grand imitateur de la nature , et l'a rendue avec une vérité et une exactitude rares. Ses tableaux en sont la plus parfaite imitation aussi s'est-il très-souvent contenté de ne faire que ce que la nature lui présentait. Un simple tertre, un bout de montagne avec une petite cascade ou ruisseau d'onde pure, plaisent, rendus par le pinceau de *Ruisdaal*. La couleur de ce peintre est forte et dorée, l'effet est toujours soutenu dans ses ouvrages. Ses ciels sont brillants et d'un grand effet. Le feuiller de ses arbres est d'une touche si vraie, sur-tout à l'extrémité des branches, qu'il est impossible d'y mettre plus de vérité. Les tableaux de *Jacques Ruisdaal* jouissent de la plus grande réputation et sont l'honneur des collections, où ils appellent l'œil du moindre connaisseur, tant est grand l'attrait de la nature lorsqu'elle se trouve bien rendue par l'art.

Salomon *RUISDAAL*, frère du précédent, né à Harlem, en 1670.

Ruisdaal eut un autre frère, *Salomon Ruisdaal*, qui a suivi sa manière, mais avec moins de force, aussi ses tableaux furent moins recherchés, cependant ils jouissent d'une réputation qui leur donne place chez les curieux. *Salomon* a peint avec succès les marines, on pourrait lui reprocher d'avoir forcé ses ombres en noir. La touche de *Salomon* est ferme et piquante.

Jean SCHOOREL, *né près d'Alemer en Hollande en 1496, mort à Utrecht en 1562.*

Après avoir fait ses premières études en Hollande, *Jean Schoorel* partit très-jeune pour l'Italie. Il s'arrêta d'abord à Venise où une quantité prodigieuse d'étrangers partait pour la Terre Sainte, il s'embarqua avec eux, et arrivé sur les bords du Jourdain, il s'occupa à dessiner les plus beaux aspects de ce fleuve et tout ce que la Syrie lui offrit de curiosités. En repassant en Europe, il s'arrêta à Chypre, à Candie et à Rhodes, qui dans ce temps appartenait encore à l'ordre de Saint-Jean de Jérusalem. Il emporta de ce voyage la plus belle collection d'études qui lui servirent par la suite à orner ses compositions et ses paysages. Les tableaux de ce peintre sont aujourd'hui très-rares et presque inconnus en France, *Jean Schoorel* est un des premiers et des plus anciens paysagistes.

*Jacques STELLA peintre du dix - septième
siècle, mort à Paris en 1647.*

Stella fut un des grands peintres d'histoire
de l'école française , il passa plusieurs années en
Italie où il était allé à l'âge de vingt ans. Je n'entrerai dans aucun détail sur les grands talents en
histoire de ce peintre célèbre qui fut fort employé
en France.

On a de lui une suite de fort jolis dessins qu'il
composait dans ses soirées ; il en a gravé lui-même
plusieurs suites parmi lesquelles on remarque l'histoire de la Vierge en divers petits sujets. Mais
c'est à cause du grand talent qu'il a montré pour
le genre pastoral que j'ai cité, dans cet ouvrage ,
cet homme célèbre.

*Abraham STORCK , peintre de l'école hollandaise ,
né à Amsterdam , vivait en 1650.*

Storck est un des plus modernes peintres de marines
de la Hollande , et il a mérité par ses talents en
ce genre d'être placé à côté de ceux qui s'y sont
le plus distingués avant lui. La manière de *Storck*

est fort agréable , ses tableaux sont touchés avec beaucoup de fermeté et d'esprit , ses ciels sont beaux et brillants , ses nuages sont de belles formes. On ne voit guères que des petits tableaux de ce maître , ce qui ferait penser qu'il s'est peu exercé à peindre en grand. Les tableaux de *Storck* se font aisément reconnaître par une touche brillante et par la richesse avec laquelle il a orné les poupes de ses vaisseaux dont les agrès sont très-vrais et très-soignés.

Les tableaux de *Storck* ne sont pas très-chers probablement à cause de l'extrême fécondité de cet artiste.

TITIEN (*Vecelli*) , *né à Cador dans le Frioul en* 1477 , *mort en* 1576.

Le nom du *Titien* est un de ces noms célèbres qui sont passés d'âge en âge avec une réputation que quatre siècles n'ont pu diminuer.

On sait que *le Titien* a été le père de la couleur et le premier coloriste de l'univers. Il a servi à former *Rubens* et une infinité d'autres grands coloristes qui l'ont pris pour modèle. *Le Titien* se place entre *Raphaël* et *Michel-Ange* , et ces trois peintres célèbres forment un espèce de triumvirat en peinture, qui n'a pu être remplacé jusqu'à nous.

Il est inutile de répéter que *le Titien* à traversé une très-longue carrière en produisant autant de chef-d'œuvres que de tableaux. Venise, sa patrie, et plusieurs villes de l'Europe ont été décorées de ses ouvrages où ils jouissent d'une grande réputation.

Le Titien fit paraître un des premiers de très-beaux paysages d'un grand style et fort bien composés; ils les ornait assez ordinairement de figures peintes avec goût. Le feuiller de ses arbres est si parfait qu'on le peut proposer comme un modèle excellent à imiter, et pour se faire une belle pratique de toucher les arbres. C'est comme grand peintre en paysages qu'il a été cité dans cet ouvrage.

David TENIERS le jeune, né à Anvers en 1610, mort à Bruxelles en 1694.

Une famille de peintres du même nom honore les fastes de la peinture et brille avec avantage parmi les peintres célèbres de la Flandre. *David Teniers* le fils, dont est ici question, est celui qui est arrivé au plus haut degré de talent. Son nom vole de bouche en bouche, et on ne peut parler peinture sans le prononcer ou y penser. Tous les genres de la peinture furent si familiers à

Teniers qu'on le surnomma le Singe de la Peinture.

Il peignit les foires, des noces de village, des assemblées de paysans et beaucoup de sujets d'intérieur, avec un talent, une finesse de couleur et une touche admirables. Comme presque tous ses tableaux sont terminés par de jolis fonds de paysages, et qu'il en a fait beaucoup où le paysage est la vraie partie dominante, j'ai cru devoir le citer dans cet ouvrage où peu de peintres méritent autant que lui d'y tenir place.

J'ai parlé plus au long des talents de cet habile peintre, dans ma Galerie des Peintres célèbres ; j'y renvoie les amateurs qui voudront avoir plus de détails sur ce grand peintre de la Flandre.

La manière de faire le paysage de *Teniers* est large, facile et transparente, tout est animé dans ses tableaux ; le feuiller en est traité avec la plus grande légèreté et une extrême facilité ; une touche fine et pointue caractérise tout ce qui est sorti du pinceau de cet homme inimitable.

Jean *VAN-ARTOIS*, né à Bruxelles en 1613.

Van-Artois est un des plus savants paysagistes de l'école flamande, aucun peintre ne l'a égalé

pour sa grande manière de traiter le paysage qui
semble être la fidelle représentation de la nature.
Tout est en mouvement dans les paysages de ce
peintre, les arbres qu'il traitait de la plus grande
manière ont toujours l'air d'être agités par le vent.
Ses sites sont très-étendus et ses lointains peints avec
une harmonie extraordinaire. Il avait l'art d'orner
le devant de ses tableaux avec des détails qui y
ajoutent un grand intérêt. L'amitié qui l'unissait avec
David Teniers parle beaucoup en faveur de ses
talents. Quoique *Van-Artois* peignît souvent en grand,
on ne laisse pas encore de trouver de ce peintre
de fort jolis tableaux de chevalet.

Jean *VAN-GOYEN*, né à Leyde en 1596,
mort en 1656.

Il n'est peut-être pas d'exemple d'une aussi grande
facilité pour son art que celle que *Van-Goyen* reçut
de la nature. Il semblait se jouer de la peinture,
et ses tableaux paraissent avoir été peints avec la
vivacité de la pensée. Sa couleur est vraie, d'une
transparence admirable, sa touche fine, légère et
facile. En examinant les tableaux de *Van-Goyen* on
jurerait que l'on a vraiment de l'eau devant les

yeux, tant il y règne de transparence et de limpi-
dité : jamais on n'imita mieux les reflets dans
l'onde.

Ce peintre s'est souvent exercé à peindre des
canaux, des vues de l'Escaut et de la Meuse toujours couverts d'une infinité de barques et de vaisseaux auxquels il savait assigner leur véritable physionomie. Ses innombrables petites figures qui ne sont
pour ainsi dire que heurtées, ont le mouvement et
la tournure si naturels, qu'on ne voudrait pas les
voir plus terminées.

Sa manière de toucher les arbres est légère et
animée; sa couleur tantôt claire, tantôt forte, se
fait également admirer des connaisseurs. Peu de
peintres ont autant produit que *Van-Goyen*, à en
juger par l'immense quantité de ses tableaux répandus avec profusion dans tous les cabinets.

Adrien VANDER-KABEL, *né à Riswick en* 1631,
mort en 1695.

Vander-Kabel dont peu d'auteurs ont parlé, a
passé pourtant pour un très-habile paysagiste ; il
quitta la Flandre pour voyager en Italie, il s'arrêta quelque temps en France et vint ensuite se fixer

à Lyon où il est mort après avoir laissé dans cette ville beaucoup de ses ouvrages.

On assure que plusieurs de ses tableaux ont poussé au noir, peut-être par l'emploi des mauvaises couleurs. Ses paysages tiennent assez souvent du genre héroïque. On a gravé d'après ce peintre.

Antoine - François VANDER - MEULEN *, né à Bruxelles en* 1634 *, mort en* 1690.

Peu de peintres ont joui de leur vivant d'une aussi grande réputation que *Vander - Meulen*. Tout le monde sait quelle fut la grande facilité de ce peintre pour peindre les chevaux qu'il dessinait dans la perfection. Son talent pour les batailles est assez connu par les grands monuments qu'il a laissés en ce genre et par toutes les gravures qui en ont été faites.

Les fonds de paysages de *Vander-Meulen* sont admirables par la vérité et la belle manière avec laquelle il traitait les terrasses, les arbres et les diverses fabriques. On a de lui une infinité de jolis paysages qu'il ornait souvent de chasses ou de chocs de cavalerie qui sont d'une touche pleine de finesse. La manière de faire les arbres de ce peintre

et de peindre les terrasses se rapproche beaucoup de la manière de *Teniers*, et c'est faire son
éloge. J'ai parlé plus au long des talents de ce peintre célèbre dans ma Galerie des Peintres.

Isaïe *VAN-DE-VELDE*, dit le vieux, né à Harlem, vivait en 1630.

Van-de-Velde le vieux est le chef d'une longue
suite d'artistes célèbres du même nom, ses paysages
lui méritèrent l'attention des connaisseurs de son temps,
et l'on est redevable à ce peintre des progrès de
l'école flamande en cette belle partie de la peinture. *Van-de-Velde* peignit des paysages, des batailles, des attaques de coches et de voleurs.

Sa manière est fine et légère, sa couleur a toute la
transparence qui est devenue héréditaire aux écoles
flamande et hollandaise.

Adrien *VANDEN-VELDE*, né Amsterdam en 1639, mort en 1672.

Cet habile peintre dont le passage dans la carrière
des arts n'eut presque que la durée de l'éclair, a
cependant assez vécu pour obtenir une réputation

bien méritée par la beauté de ses ouvrages. *Vanden-Velde* peignit avec un égal succès le paysage et les animaux auxquels il a donné la plus grande vérité et un certain moelleux dans l'éxécution qui donne à ses ouvrages un velouté qui charme et qui plait infiniment.

Adrien Vanden-Velde fut un des élèves de *Van-Goyen* qu'il quitta pour se livrer à l'étude de la nature.

On le trouvait sans cesse à étudier dans les campagnes , et cette grande assiduité qui le rendit en peu de temps si habile ne contribua pas peu à détruire sa santé. Cet habile artiste mourut à peine âgé de vingt-neuf ans, avec la réputation d'un des plus habiles, comme de l'un des plus précieux peintres de la Hollande.

Les tableaux de ce maître se reconnaissent aisément à une couleur forte et dorée, à des ciels clairs et harmonieux, à une touche toujours suave.

William, ou *Guillaume VAN-DE-VELDE*, né à *Amsterdam* en 1667 , mort à *Londres* en 1707.

C'est comme très-célèbre peintre de marines, qu'il est question de *Van-de-Velde* dans cet ouvrage.

Ce peintre est regardé à juste titre comme le peintre le plus précieux en ce genre qu'ait produit la Hollande. Rien de plus vrai, rien de plus précieux et de plus beau en fini que les tableaux de ce peintre qu'on ne peut se procurer qu'avec de très-grosses sommes d'argent. Peu de peintres ont été aussi rigoureux observateurs de la forme et des agrès de vaisseaux que *Guillaume Van-de-Velde*, ses eaux sont d'une transparence, d'une beauté ravissantes. Ses tableaux de calmes offrent des reflets admirables et tels que l'on se persuade voir la nature même.

On a quelquefois confondu ce maître avec celui qui fait l'article précédent, mais ils n'étaient pas de la même famille et ils se sont exercés tous les deux à des genres biens différents.

Arnoult VANDER-NÉER, *né à Amsterdam en* 1619, *mort en* 1683.

Vander-Néer s'est acquis une grande réputation par la vérité avec laquelle il a peint les effets de nuit. Ses clairs de lune qui sont d'une vérité extrême lui ont mérité une place très-distinguée dans l'école hollandaise.

Il règne dans les tableaux de *Vander-Néer* un

grand fond d'harmonie si nécessaire dans le genre de tableaux. Quoiqu'il ait souvent peint en petit, on ne laisse pas que de trouver quelquefois de ses tableaux d'une assez grande proportion. Ses ouvrages seront estimés long-temps, et tiennent bien leur place dans les meilleures collections.

Joseph VERNET, né à Avignon, mort à Paris vers la fin du dix-huitième siècle.

Vernet a joui de son vivant d'une réputation bien méritée, et que la postérité lui conservera.

Son grand talent à peindre les marines et les paysages le place au premier rang parmi les peintres de l'école française. Il a pu juger lui-même de l'effet et de la sensation qu'ont produits ses ouvrages sur l'esprit et le goût de son siècle.

Peu de peintres ont été plus occupés que *Vernet*, et ont produit avec cette facilité qui ressemble à une source féconde par où s'écoulaient journellement ses ouvrages. Son heureux naturel lui faisait assez souvent produire en une matinée un tableau délicieux qui était aussitôt enlevé que terminé. C'était à qui pourrait posséder un tableau de *Vernet*, il a enrichi lui seul tel et tel marchand de tableaux qui sans lui serait resté dans un état de médiocrité. Les tableaux et les grands talents de *Vernet* sont si connus et sont encore tellement dans la mémoire de ceux qui ont connu cet habile homme, qu'il serait superflu de vouloir ici le louer ou les détailler. Tout ce que l'on peut dire à l'avantage de ce grand peintre, c'est qu'il fut le créateur de son genre, qu'il voulut se frayer une tout autre route que ses devanciers dans celui des marines qu'il a eu l'art de rendre toujours intéressantes, qu'il a eu le bonheur de conserver son talent jusqu'au moment où la mort l'a saisi la palette à la main. *Vernet* a laissé deux héritiers de ses talents et de son nom.

Jean *VINANTS*, né à Harlem, dans le dix-septième siècle.

Il est bien étonnant que ce peintre charmant ait été oublié par tous ceux qui ont écrit sur la peinture. *Vinants* est cependant un des plus habiles paysagistes de l'école hollandaise, et qui a eu l'avantage de former une pépinière de très-grands peintres auxquels il enseigna les secrets de son art.

La manière de *Vinants* est suave, agréable et piquante en même temps; ses tableaux sont très-recherchés par la naïveté et le charme de couleur qui les distinguent.

Ses ciels sont clairs et lumineux, ses arbres bien touchés et ses paysages d'une assez grande étendue de pays.

On les reconnaît à un certain ton de couleur vineux qui y règne assez ordinairement par des lointains vagues et vaporeux. Une remarque distinctive c'est qu'il avait coutume de placer sur le devant de son tableau qui représente souvent un grand chemin, un tronc d'arbre renversé, accompagné de belles plantes qu'il peignait très-largement et avec beaucoup de vérité.

Les beaux tableaux de ce maître se vendent assez cher et sont placés par tout avec distinction.

Philippe WOUVERMANS, *né à Harlem en 1620, mort en 1668.*

Il n'est guère de peintre plus connu dans les annales de la peinture que *Philippe Wouvermans*, dont les tableaux enchanteurs représentent ordinairement des départs de chasses, des haltes, des chocs de cavalerie, des batailles, des marchés, des foires, des intérieurs d'écuries. On sait que ce

peintre qui dessinait parfaitement les chevaux en a
placé dans tous ses tableaux qui font les délices des
amateurs par un effet suave, un beau fini et une
touche pleine d'esprit, qui perce et brille à travers
son précieux fini. Les paysages de *Wouvermans*
présentent assez souvent beaucoup d'étendue de
pays, et son point de vue est toujours assez élevé.

La couleur de *Wouvermans* est dorée et vigoureuse sans être noire. Ses ciels sont toujours un
peu nébuleux et chargés de vapeurs. Ses arbres
sont légers et très-détaillés. Il est bien rare de ne
pas rencontrer quelques tableaux de cet artiste admirable dans tous les cabinets ; l'amour du travail lui
en a fait produire beaucoup quoiqu'il n'ait pas eu
une carrière fort longue. Cet habile homme vécut
toujours dans la médiocrité. J'ai parlé de lui plus
au long dans ma Galerie des Peintres célèbres.

Wouvermans eut un frère nommé *Pierre* qui
peignit le même genre que lui, mais avec moins de
succès : on confond quelquefois leurs ouvrages.

Regnier ZEÉMANN, surnommé *Remy* NOOMS,
florissait à Amsterdam en 1670.

Zeëmann n'est guère connu qu'en Hollande, où

ses tableaux sont conservés. Il peignit les marines avec succès et paraissait fort instruit de tout ce qui concerne la marine et les divers agrès des vaisseaux.

Ce peintre est beaucoup plus connu en France par une suite de marines qu'il a gravées à l'eau forte d'une manière large, et qui sont recherchées des connaisseurs.

FIN DES NOTICES.

TABLE

DES MATIÈRES.

⸺⸺⟫❋⟪⸺⸺

NOTICES sur les Peintres cités dans l'Ouvrage.

Fin de la Table.

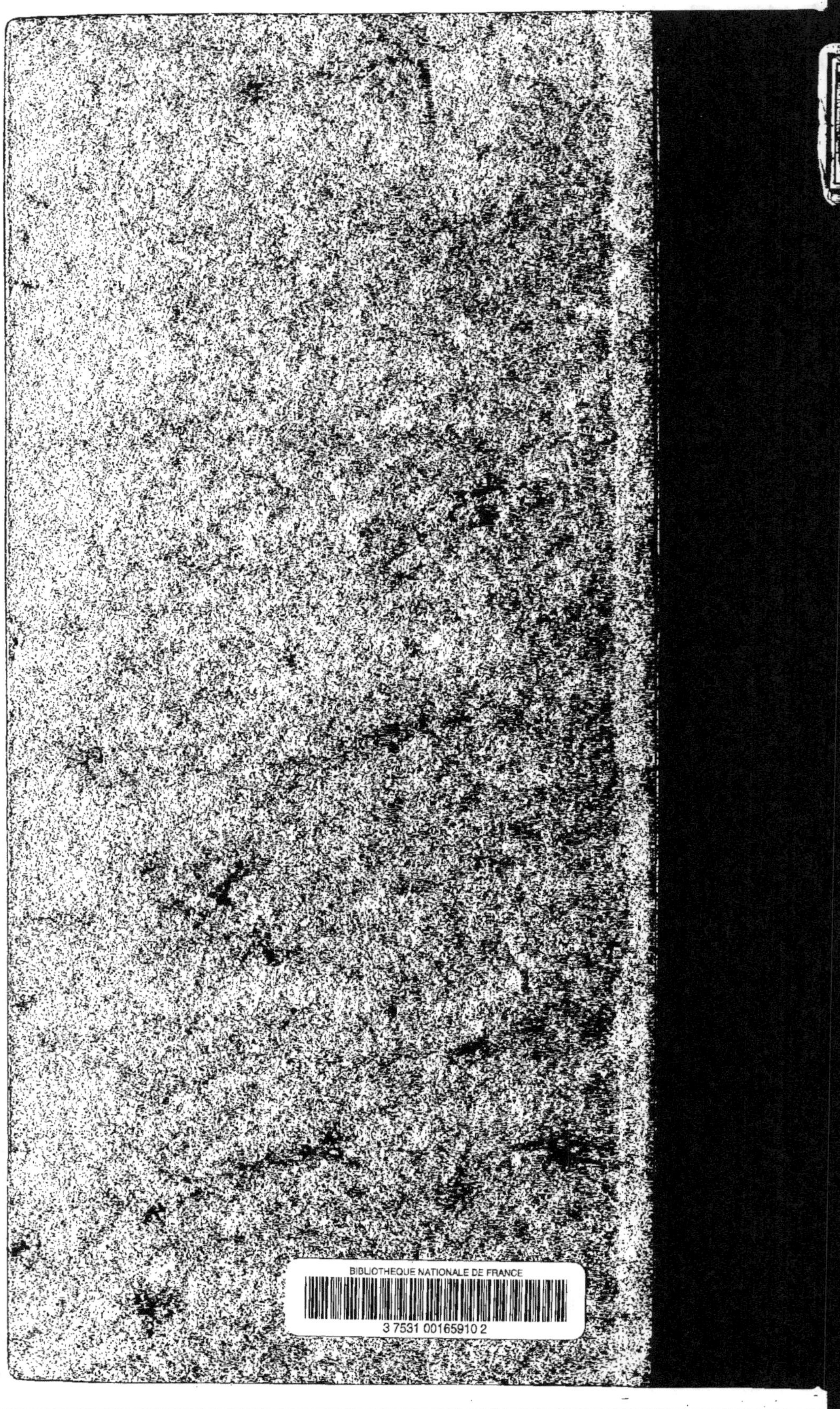